BELGIEN

Die schönsten Märkte und Plätze

Rolf Minderjahn

BELGIEN

Die schönsten Märkte und Plätze

GEV

www.gev.be
buchverlag@grenzecho.be

ISBN 978-3-86712-076-0
D/2013/3071/1

Text: Rolf Minderjahn
Lektorat: Cordula Unewisse, Bonn
Satz: Grenz-Echo

Printed in EU

Marktplatz von Brügge

Belgiens Welt der Flohmärkte ist kunterbunt

Belgien: Die schönsten Märkte und Plätze Special: Märkte im angrenzenden Frankreich und Grossherzogtum Luxemburg

Von der ökonomischen Notwendigkeit zum Kult

Wenn ein „Weihnachtsmarkt" aus nur einem Stand besteht und die Aussteller sich selbst als den kleinsten Weihnachtsmarkt des Landes anpreisen, dann sind wir in Belgien. Genauer gesagt in **Milmort**, einem Dorf in der Gemeinde Herstal bei Lüttich. Und was gibt es hier zu kaufen? Ausschließlich Austern aus dem französischen Marennes d'Oléron. Nur ein Stand, und der dann auch noch mit einem lukullischen Luxusartikel? Ist das surreal, typisch, faszinierend? Eines ist sicher, die Belgier betreiben ihre Märkte und Marktstände mit Leidenschaft, Belgien ist das Land der Märkte, vor allem für Antik- und Flohmärkte. Aber nicht nur für diese. Es finden eine ganze Menge reizvoller und origineller Märkte anderer Couleur statt, ob kulinarisch geprägt oder folkloristisch. Auch sie werden in diesem Buch beschrieben.

Bei unseren Nachbarn sind die bei manchen Nicht-Belgiern verpönten Flohmärkte Kult. Man sollte sie auch nicht mit unseren Flohmärkten verwechseln, denn das ganze Drumherum, ganz zu schweigen von den umwerfenden Kulissen der Orte und Städte, vor denen viele sich abspielen, machen sie zu etwas ganz Eigenem. Der Kosmos mit Sammelsurien von Wertvollem und scheinbar Wertlosem hat seinen ganz eigenen Reiz. Es entstand eine der belgischen Lebensart entsprechende Freizeitbeschäftigung, die für manchen Beruf und vielleicht mittlerweile auch Berufung zugleich ist. Gemütlichkeit, Lebenslust, Atmosphäre, Geselligkeit, Festfreuden, ein Miteinander, das Belgisch-Surreale: etwas schräg, abseits der DIN-Norm, aber liebenswürdig: All das spielt hinein in die Lust der Belgier auf ihre Märkte.

Und nicht wenige ausländische Besucher teilen diese Freude und strömen ins Nachbarland, etwa auf den größten belgischen Antikmarkt in **Temploux** bei Namur, wo sich 150.000 Besucher an einem Wochenende mit den Verkäufern ein Stelldichein geben. Woher kommt diese belgische Leidenschaft für Trödel-, Floh- und Antikmärkte? „Die Wurzeln liegen in der wirtschaftlichen Entwicklung des Königreichs Belgien begründet.

Durch die Industrialisierung, die aus England herüberschwappend auf dem europäischen Festland zuerst in Belgien einsetzte, erlangte der kleine Staat einen starken wirtschaftlichen Aufschwung. Belgien war zu dieser Zeit der reichste Staat Europas. Zudem schöpfte er in seiner Kolonie, Belgisch-Kongo, enorme Reichtümer an Gold- und Diamantenvorkommen ab. Das Land hat aufgrund seiner Neutralität, anders als seine Nachbarländer, seine Märkte nie gegen ausländische Produkte abgeschirmt. Das sorgte nach Kriegsende bis in die 50er Jahre für einen nicht abreißenden Einfuhrstrom. Der Kauflust waren kaum Grenzen gesetzt. Doch als der Kongo 1960 unabhängig wurde und der Goldstrom versiegte und die Stahlkrise der 1970/80er Jahre die Nation schwer traf, bahnte sich eine katastrophale ökonomische Krise an.

Die hohe Inflation verteuerte die Neuwaren enorm, sodass ein Bedarf an preisgünstigeren Waren entstand. Der Kauflaune war ein jähes Ende gesetzt. Das war jedoch nicht von Dauer. Denn seit 1979 ermöglicht ein Erlass auch Privatleuten, Gegenstände und überflüssigen Hausrat auf Märkten zu verkaufen. Speicher wurden entrümpelt, Gebrauchtes zusammengetragen und überall im Lande preisgünstig auf Trödelmärkten feilgeboten. Händler aus den umliegenden Ländern beteiligten sich und bereicherten die Märkte mit ihren Waren. So entstand eine rege Flohmarktkultur, die bis heute anhält“ (Quelle: Belgien-Tourismus Wallonie-Brüssel).

Das vorliegende Buch soll als „Guide“ dienen, zum einen auf der Suche nach den schönsten und interessantesten Trödel-, Floh- und Antikmärkten des Landes, die in Belgien „Marchés aux puces“, „Brocantes“, oder „Foires“ (im französischsprachigen Teil) heißen und „Rommelmarkt“ im flämischsprachigen Teil.

Zum anderen soll er Lust machen, manch anderen interessanten Markt und auch die vielen wunderschönen Marktplätze zu entdecken, die wie kaum anderswo mit ihren architektonischen Juwelen bühnen für ein ansteckendes Savoir-Vivre sind.

Das Zusammenspiel vieler Facetten, der belgischen Gastlichkeit mit der Schönheit der Landschaften und der Kulturstätten ergibt die faszinierende Bandbreite der außergewöhnlichen Reiseziele, zu denen dieses Buch den Leser führt. Die Märkte und Marktplätze sind nach den Regionen bzw. Provinzen Belgiens gegliedert.

Aufgrund der geografischen Nähe und vor allem einer gewissen Seelenverwandtschaft zwischen Belgien und Frankreich und einer ähnlichen Lebensart gehören auch die schönsten Märkte und Plätze im grenznahen Nordfrankreich und den französischen Ardennen zu den für dieses Buch aufgestöberten „trouvailles“.

Es sind gerade die kleinen Kuriositäten, die überraschenden Entdeckungen, die Freude des einfachen Mannes, einen „Schatz“ gefunden zu haben, die einen echten Antik- und Flohmarkt wie den in Temploux auszeichnen.

Märkte und Genuss sind Leidenschaften der Wallonen

1. Wallonie

1.1. Provinz Lüttich

Aubel

Mit einem wuchtigen Messer tranchiert die Marktfrau aus Jupille vor Geschmack strotzende, dicke Scheiben von einem immensen Knochenschinken. Sie ist Stammausstellerin auf diesem regionalen Schlemmermarkt. „Le vrai jambon à l'os", der einzig wahre Knochenschinken, preist sie ihn an und lässt es sich nicht nehmen, zwischendurch auch noch ein Liedchen zu trällern.

Wir sind in Aubel, nicht weit von Eupen und Lüttich. Der Aubeler Sonntagsmarkt ist eine schwelgerische Angelegenheit. Urig und originell, typisch belgisch mit viel Gelassenheit und Lebensart geht es hier zu.

Die großen Stände mit Obst und Gemüse bieten eine breite Palette an regionalen Sorten. Sie kommen aus dem nahen, fruchtbaren Haspengau oder aus Flandern, wie auch der berühmte Spargel oder der Chicoree, das „Weiße Gold" Belgiens. Wurst-

Belgische Lebensart auf dem Markt von Aubel: Hier werden Regionalprodukte vom Feinsten angeboten. Dazu gehört auch der typische Knochenschinken, der noch von Hand aufgeschnitten wird.

waren und Fleisch aus dem Aubeler Land sind über die Grenzen hinaus beliebt. Man fühlt sich ein wenig in den Süden versetzt, wenn das Wetter sein übriges tut und die Besucher nach einem Einkaufsbummel an den Ständen entlang zum Aperitif in die Cafés und Restaurants strömen.

Auf den Terrassen ist fast jeder Stuhl besetzt, so auch in der Pâtisserie Jean Pierre mit ihrem Café, wo man hervorragende Tarte, Kuchen und Feingebäck bekommt, ein Augen- und Gaumenschmaus zugleich.

Der Fischhändler in seinem komfortablen Marktwagen preist frischen Fisch direkt aus Boulogne-sur-Mer an, dem großen Fischereihafen in Nordfrankreich, gut vier Stunden entfernt. Kein Wunder, dass in der Kühltheke unser Blick auf einen prächtigen, ganzen Wildbarsch fällt. In der Saison kann man hier an Stehtischen sogar Austern schlürfen.

Dass Belgien auch ein Käseland ist, stellen wir in Aubel schnell fest. Die Käsewagen hier gehören zu den Hauptanziehungspunkten. Regionale Ziegen- oder Abteikäse und viele andere Sorten gehen hier über die duftenden Verkaufstheken.

In der urigen Kneipe „Au Vieil Aubel“ aus dem 17. Jahrhundert lässt mancher Besucher bei einem belgi-

Schlendern, schauen, schmausen, das macht richtig Laune! Und zum Abschluss gönnt man sich gerne ein köstliches Abteibier oder ein Stück belgische Patisserie.

Der kleine Markt ist übersichtlich, aber lebhaft.

schen Bier den Nachmittag ausklingen. Das Marktgeschehen hat in Aubel Tradition.

Bereits am 28. August 1630 gewährt Philipp IV von Spanien als damaliger Herrscher den Einwohnern von Aubel das Recht, im Ort einen wöchentlichen Markt abzuhalten. Zunächst ist das nur ein Kornmarkt, der sich schnell um einen Butter- und Viehmarkt erweitert. Heute sind es die vielen Frischprodukte der Region, die den Markt so verführerisch machen. Man spürt die Liebe und Leidenschaft, die die Menschen den auf diesem Markt angeboten heimischen Produkten entgegenbringen.

Da kann dem Liebhaber guter Lebensmittel schon warm ums Herz werden ...

Manche Verkäuferin und mancher Verkäufer ist ebenso originell wie die Produkte, die mit Enthusiasmus und einem Schuss Humor angeboten werden.

KULINARISCHES TERROIR

Herver Käse

Die feinen Sachen aus dem Herver Land, allen voran der „Herver Käse“, werden nach traditionellen handwerklichen Methoden hergestellt. Eine Bruderschaft des Herver Käses (Confrérie de Herve) kümmert sich um das Fortbestehen und die Entwicklung dieses Schatzes, ein von Menschenhand und der Natur geschaffenes Stück kulinarischer Kultur. Strenge Duftschwaden durchziehen die Luft, wenn er in der Nähe ist. Wer ihn im Auto mit nach Hause nimmt, sollte anschließend gut lüften. Der Herver Käse eine wahre Delikatesse, für den man ein Naserümpfen allemal in Kauf nimmt. Diese Berühmtheit wurde im Mittelalter, so erzählt man, sogar als Zahlungsmittel verwendet. Seit 1996 trägt er das Qualitätslabel AOP (Appelation d’Origine Protégée), eine selten vergebene, geschützte Herkunftsbezeichnung. Der „Fromage de Herve“ ist ein Weichkäse aus pasteurisierter Kuhmilch mit gewaschener Rinde. Es gibt ihn in milder und intensiver Geschmacksvariante. Vier bis sechs Wochen Reifezeit krönen den exzellenten Geschmack. Auf dem Bauernhof „Ferme Colyn“ in Herve werden zwei Sorten Herver Käse noch mit Milch vom eigenen Hof handwerklich hergestellt und können auch dort gekauft werden. Auch die Butter ist eine Aubeler Gaumenfreude. Die fruchtbaren Böden der Region mit ihren saftigen Gräsern sind Voraussetzung für eine Rinderzucht, deren Tiere Produkte höchster Qualität liefern. Der „Lev’gos“, in der Terrine oder gebraten, als Wurst oder Aufschnitt ist eine typische Leckerei der Region: Die Wurst mit Korinthen und einer süßlichen Note wird seit Generationen liebevoll hergestellt.

Der aromatische „Herver Käse“ ist der kulinarische Stolz des Herver Landes, dessen Regionalprodukte die „Stars“ auf dem Aubeler Markt sind.

Cidre

Wo viel Obst vorherrscht, darf der Cidre nicht fehlen. Ein erfrischendes Getränk, das heute in Thimister hergestellt wird (Cidrerie Ruwet). Léon Stassen in Aubel (1895) und Joseph Ruwet (1898) waren die ersten, die ihn im Herver Land produzierten. Die Cidrerie Stassen, eine Institution in Aubel, ist seit mehr als 100 Jahren für perlenden Cidre aus den Apfelsorten Jonagold, Elstar und Boscop des nahen Lütticher Landes bekannt. Als Léon Stassen 1895 sein erstes Rezept für einen Cidre aus eigenem Apfelanbau niederschrieb, begann eine Erfolgsgeschichte, die bis heute anhält. Spezialitäten des größten belgischen Cidreherstellers sind fruchtige und moussierende Aperitifs, Fruchtcocktails, Natur-Cidre und alkoholfreie Cidres sowie der Strongbow, der meistverkaufte Cidre der Welt, den man in Lizenz in Aubel herstellt.

Gänse

Von der Herver Region ist es gar nicht weit bis an die Niedermaas zwischen Lüttich und Maastricht. Hier liegt das Land der Gänse und in Visé werden sie wie kaum anderswo in hervorragender Qualität gezüchtet. Ein kulinarisches Kleinod ist die „Ferme d'Artagnan", etwas außerhalb von Visé in Haccourt. Marc und Josette Botty-Swenen sind passionierte Produzenten exzellenter Lebensmittel handwerklich-traditioneller Prägung.

Das Ladenlokal von Stassen mit der großen Getränkeauswahl liegt direkt an der Place Albert Ier.

Davon kann sich der Besucher im kleinen, aber feinen Hofladen mit angrenzender offener Küche (extra für Kochkurse eingerichtet) selbst überzeugen. Gänsefleisch und Gänsegerichte in vorzüglicher Qualität können vor Ort gekauft werden. So etwa das umwerfende Regionalgericht „L'Oie à l'instar de Visé". Die anständige Portion für 2-3 Personen im luftdicht verschlossenen Einmachglas, lange haltbar und einfach über dem Wasserbad zu erhitzen, ist ein Gaumenkitzel.

Bei Foie Gras, sündhaft guter Gänserillette, Confit, Tapenaden, Marmeladen und eingemachtem Obst nach Großmutter Art, Wein, Essig und Öl, u.v.m. dreht sich alles um handwerkliche Güte, traditionelle, natürliche Herstellung, artgerechte Aufzucht und die Leidenschaft für Naturprodukte.

ORIGINELL: SIRUP

Seit dem 17. Jahrhundert wird im Herver Land Apfel- und Birnensirup produziert. Für 1 kg Sirup werden 8 kg Früchte benötigt, 80% Birnen und 20% Äpfel. Auf Brot gestrichen und mit Herver Käse belegt, versetzt dieses Duo Genießer in Entzücken. Kaum einer weiß das besser als Claudy Nyssen, Inhaber der Siroperie Artisanale d'Aubel. Hier entsteht die süße Herrlichkeit noch nach handwerklicher Tradition und das seit mehr als 100 Jahren, in der vierten Generation. In Aubel und Umgebung wird schon seit 300 Jahren Sirup aus Birnen und Äpfeln

Claudy Nyssen stellt den köstlichen und gesunden Sirup noch nach handwerklicher Tradition her.

produziert. Die Früchte in konzentrierter Form das ganze Jahr über verfügbar zu haben, vor allem auch in ernteschwachen Zeiten, war die ursprüngliche Idee zur Herstellung von Sirup.

Im ersten Schritt werden die Äpfel und Birnen ausgewählt. Nur Hochstammobst von Bauern aus der Region wird bei Claudy Nyssen verarbeitet. Dann wird das Obst in großen Tanks zehn Stunden lang gekocht, 4.200 kg pro Tag.

Im dritten Schritt geht es ans Pressen. Aus den leckeren, gekochten Früchten wird nun das Letzte herausgeholt. Das dauert zirka vier Stunden. Die Pressrückstände werden getrocknet und als Viehfutter sinnvoll genutzt.

Die vierte Etappe auf dem Weg zum Sirup ist die Verfeinerung. Das Wasser, das im Obstsaft enthalten ist, muss verdampfen. Das geschieht durch etwa drei Stunden langes Aufkochen in großen Kupferbottichen. Die lange Holzkelle dient dazu, den Sud immer wieder zu verrühren, bis der Sirup eine sämige Konsistenz hat. Aus acht Kilogramm Obst wird ein Kilogramm Sirup, ein unverfälschtes Produkt der Siroperie Artisanale d'Aubel. Nach dem Erkalten füllt man die Sirupmasse dann in die verschieden großen Töpfe, in denen sie auch verkauft werden, vom 25 g-Frühstückstöpfchen bis zum 12 kg-Behälter. Der Sirup hält sich zehn Jahre. Es ist wie beim Wein, er wird mit zunehmendem Alter immer besser. Zudem kommt er ganz ohne Zusätze aus, weder Zucker noch Farb- oder Konservierungsstoffe sind enthalten.

Die Herstellungszeit des Sirups ist genau festgelegt. Zwischen dem 15. September und 15. November wird die komplette Jahresproduktion abgewickelt. Ein reiner Apfelsaft ohne Zusätze und eine hausgemachte Konfitüre gehören ebenfalls zum Sortiment von Claudy Nyssen in Aubel.

Den Sirup gibt es in zwei Varianten, süß und etwas säurehaltiger, je nach Apfelsorte. Dieses Original wird auch in der Spitzen-Gastronomie geschätzt, wie etwa in einem der Gastro-Refugien Brüssels, dem Sterne-Tempel „Comme chez soi".

Selbst Schauspieler Gérard Départdieu, in Frankreich ein anerkannter Feinschmecker, war anlässlich seines Filmdrehs 2007 auf der Emmaburg in Hergenrath Gast bei Nyssen und ließ es sich nicht nehmen, ein solch seltenes Naturprodukt zu kosten.

Schlemmerhafte Adressen

- Siroperie Artisanale d'Aubel
  Rue St. Antoine 16
  4880 Aubel
  Tel.: +32 (0)87 68 64 34
  www.sirop.be
  (Führungen in deutscher Sprache auf Anfrage)

- La Ferme d'Artagnan
  Rue de Tongres 77
  4684 Haccourt
  Tel.: +32 (0)4 379 18 36
  www.lafermedartagnan.be
  (teilweise auch in deutscher Sprache)

- Stassen
  Rue de Kan 7
  4880 Aubel
  Tel.: +32 (0)87 68 03 21
  www.stassen.be

- Herve Société
  Rue de Charneux 32
  4650 Herve
  Tel.: +32 (0)87 69 35 50
  www.herve-societe.be

- Ferme Colyn
  Rue Elvaux 111
  4650 Herve
  Tel.: +32 (0)87 67 48 65

- Jean Pierre
  Place Nikolai 29
  4880 Aubel
  Tel.: +32 (0)87 68 70 60
  www.patisseriejeanpierre.be

i www.paysdeherve.be

Markt in Aubel: jeden Dienstag und Sonntag von 8 bis 13 Uhr

Herver Käse gibt es auch auf dem Aubeler Markt zum Beispiel am Stand der „Vieux Moulin"

Eine der schönsten Terrassen der Region hat das Het Rode Bos

Het Rode Bos: Die vollständig renovierte, ländlich gelegene Brasserie ist ein ausgezeichneter Ort, um eine gute Tasse Kaffee, ein frisch gezapftes Bier, einen leichten Mittagsimbiss oder ein ausgedehntes Abendessen zu genießen. Von der großen Terrasse aus wird man mit einem außergewöhnlichen Panoramablick auf das wunderschöne Hügelland der Region belohnt. „Het Rode Bos" nennt sich „die höchstgelegene Brasserie Flanderns". Unbedingt den Espresso probieren.

In der Nähe:

- Het Rode Bos
  Varnstraat 17
  3793 Teuven
  Tel.:+32 (0)43 81 34 00
  www.rodebos.be

LÜTTICH

In Lüttich gibt es das ganze Jahr über verschiedene Märkte, die alle ihren individuellen Reiz haben. Der weit über die Grenzen hinaus bekannte, riesige Wochenmarkt La Batte am Maasufer ist eine Lütticher Institution, obwohl es hier schon lange keine Antiquitäten und originelle Flohmarktware mehr gibt.

LA BATTE

Produkte aller Art, von Kleidung über Bücher bis zu kulinarischen Spezialitäten und lebendem Geflügel bieten die Händler an ihren Ständen am Maaskai entlang an.

Der Markt grenzt schon an Rummel, der Menschenandrang ist enorm. „La Batte" lebt auch von seiner Lage unmittelbar an der Maas, nahe dem historischen Herzen der Stadt.

LÜTTICHER TRÖDELMARKT

Im alten Stadtviertel Outremeuse am Boulevard de la Constitution findet jeden Freitag von 6 bis 13 Uhr ein Trödelmarkt statt. Der zweispurige Boulevard verwandelt sich dann zu einer Meile des Handelns und Stöberns.

Die frankophone Atmosphäre erinnert ein wenig an den berühmten „Marché aux Puces" in Paris, nur

La Batte am Maasufer

Sonntags bebt der Maaskai von der Menschenmenge, die den berühmten Wochenmarkt „La Batte" besucht.

eben in viel kleinerem Rahmen. Im Anschluss bietet sich ein Rundgang durch das Viertel Outremeuse an, das durch Georges Simenon berühmt wurde.

Ein Stammlokal der Einheimischen ist das „Toussaint" direkt gegenüber der Kirche Saint-Pholien, unmittelbar am Boulevard de la Constitution. Hier ist typische Lütticher Bierkneipen-Atmosphäre zu erleben.

Kulinarische Märkte

Am dritten Septemberwochenende wird an der Place Saint-Lambert mit Zeltständen das Fest der Wallonie gefeiert.

Auf diesem lukullischen Markt werden Regionalprodukte angeboten, die teils von Bruderschaften (Confréries) in ihrem Brauchtum gepflegt und bewahrt werden. Reisfladen, Genever, Bier, Gebäck, Käse, Obst und vieles mehr. Das Fest wird durch Umzüge und ein Musikprogramm abgerundet.

Ein weiteres kulinarisches Event sind die „Epicuriales" im Park d'Avroy, ein Schlemmermarkt, der den riesigen Platz in das größte Freiluftrestaurant der Stadt verwandelt.

i www.epicuriales.be

So feiern die Wallonen ihre Gastlichkeit und Lebensfreude

Mit Musik und Tanz

Originell sind sicher nur noch die Cafés und Kneipen, in und vor denen sich das pralle Leben dieses sonntäglichen Ereignisses abspielt. Nach und nach verteilen sich die Besucher während und nach dem Markt im Altstadtquartier mit seiner urtypischen Atmosphäre, bierbeladen, gesellig mit Musik und auch mit Tanz.

Die stimmungsvollen Cafés wie das „Au Jardin des Olivettes" gehören zum Lütticher Maas-Markt wie die Händler.

Schon legendär ist das „Au jardin des Olivettes" in der Rue Pied du Pont des Arches 6. In einem der letzten Café-Chantants überhaupt geben meist mehr oder weniger begabte Chansonniers ihr Liedgut zum Besten, heute nennt man das Karaoke. Gegenüber, im „Chez Sam" schwingt man ganz spontan schon mal das Tanzbein. Stühle und Tische werden sonntagsnachmittags dann einfach beiseite geschoben, eine weitere originelle Facette der „feurig" genannten Stadt Lüttich. Im „Lequet" am Quai sur Meuse 17, zwischen den beiden Maasbrücken, sollen die „Boulets à la liégeoise" (Fleischklöße in Sultaninen-Sirupsoße) erfunden worden sein, das sehr leckere und typischste Gericht der Region. Der einfache Rahmen dieses Restaurants zeigt viel frankophones Lokalkolorit. Sonntags ist es tatsächlich brechend voll.

Einer der grössten Weihnachtsmärkte Belgiens

Am Saint-Lambert-Platz vor dem Fürstbischöflichen Palast und an der Place du Marché vor dem Rathaus erstreckt sich Lüttichs Weihnachtsdorf, das in rund 190 Holzchalets, eine kunterbunte Palette an weihnachtlichen Geschenkideen und kulinarischen Leckerbissen bereithält. Überall duftet es nach Köstlichem. Das Lütticher Publikum verweilt an den zahlreichen Sektbars und Bierständen, die von luxuriös bis rustikal alles zu bieten haben. Regionalbiere und Schnäpse gehören an diesen Ständen zu den Rennern. In den Budengassen entfaltet sich eine Galerie der Genüsse, besonders auf Basis regionaler Spezialitäten: Mehrere Champagner-, Sekt- und Weinbars, Austern- und Lachsstände, Entenprodukte, Pilzgerichte aus heimischen Wäldern, Schinken- und Wurstwaren, Schinkenkeulenbraten aus der Normandie, belgische Edelschokolade und mit dieser gefüllte Waffelspezialitäten, wallonisches Feingebäck und Süßwaren, Käsespezialitäten, Olivenöle, eine Trappistenbierhütte, Abteibierstände, Lütticher Genever (Pekèt), echte belgische Fritten und vieles mehr. Handwerkliche Produkte, auch aus Frankreich, Dekorationsartikel und Weihnachtsschmuck werden ebenfalls in großer Vielfalt angeboten, dem kulinarischen steht ein anspruchsvolles handwerklich-künstlerisches Angebot zur Seite. Den schönsten Blick auf den Markt vor der majestätischen Kulisse des Palastes und des Rathauses hat man vom Riesenrad aus, das mitten auf dem Platz steht.

i Office du Tourisme
En Féronstrée 92
4000 Lüttich
Tel.: +32 (0)4 221 92 21
E-mail:
office.tourisme@liege.be
www.liege.be

Der Lütticher Weihnachtsmarkt ist zugleich ein Schlemmerevent

1.2. Provinz Luxemburg

Redu

Im beschaulichen Redu nahe St. Hubert ist zu Ostern eher das Stöbern nach Antiquarischem angesagt als das Eiersuchen. Der ganze Ort verwandelt sich in einen einzigen Buchladen. Das ganze Jahr über besuchen 200.000 Menschen aus allen Ecken der Welt das Ardennendorf. Als der ehemalige Journalist Noel Anselot 1979 ins wallisische Hay-On-Wye, dem ersten Bücherdorf in Europa kam, nahm die Geschichte von Redu ihren Lauf.

Er übernahm diese Idee für Redu und eröffnete 1984 über Ostern mit großem Erfolg das erste Bücherfest. So wurde Redu zum „Dorf des Buches“ auf dem europäischen Kontinent und zu einem der meistbesuchten Dörfer Belgiens. Heute verbindet die beiden Bücheroasen eine Partnerschaft. Und jedes Jahr am Osterwochenende feiert das urige

In den Bruchsteinhäuschen von Redu bieten rund 20 Händler ihre Bücher in originellem Rahmen an.

In der gemütlichen Enge der Läden lässt es sich dennoch genüsslich und in Ruhe stöbern.

Ardennendorf, das gerade einmal 400 Einwohner zählt, dieses Fest. Es gibt kaum ein Haus in diesem Flecken, der von den Hügeln der Ardenner Landschaft umgeben ist, das nichts mit Büchern zu tun hat. Die winzigen Räumlichkeiten in den oft engen Bruchsteinhäuschen reichen kaum aus. So wird das Angebot kurzerhand auch nach draußen verlagert. Auf dem Bürgersteig, in den Scheunen, in den ehemaligen Stallungen, überall sind Bücherstände aufgebaut. Rund um die Kirche und bis in alle Winkel erstreckt sich das Fest des Buches. Mehr als 20 Buchhandlungen, Läden, Antiquariate und Ateliers, mit skurrilen Namen wie „Fahrenheit 451" verzücken in dieser ländlichen Umgebung Bibliophile, Leseratten, Antiquitäten-Fans und Sammler aus ganz Europa. Würde man die Regale der Antiquariate aneinanderreihen, so ergäbe sich eine Bücherkolonne von mehr als zwei Kilometern. In den für den Landstrich typischen Gebäuden des Ortes haben auch Handwerker wie Graveure, Papierhersteller und -veredler, Buchbinder etc. ihre Werkstätten, und jedes Jahr im Mai findet hier das Fest des Buchdruck- und Papierhandwerks statt.

Nacht des Buches

Die Besucher schlendern durch die Gassen und lassen sich in Galerien inspirieren, stöbern in Kunsthandwerksläden und haben zwischen-

„Fahrenheit 451“ – Eintauchen in die Welt des Antiquariats hinter dicken Bruchsteinmauern

durch immer wieder Gelegenheit, in einem der Restaurants und Cafés bei verschiedensten Spezialitäten zu relaxen und das Geschehen zu beobachten.

Die meisten Bücher sind zwar in französischer Sprache, doch findet speziell zu diesem Anlass im Quartier Rimbaud auch ein internationaler Büchermarkt mit Werken in französischer, niederländischer, englischer und deutscher Sprache statt.

Die zweisprachige Buchhandlung „15 A – Art. 31“ in der Rue Transinne 24 hat auch deutsche Bücher im Sortiment. Ein Rahmenprogramm mit Musik und Animation auch für Kinder rundet das Fest ab. Nicht minder beliebt ist die jährliche „Nacht des Buches“, die Redu im Sommer zur Anlaufsteller der Bücherfreunde macht. Die Buchhandlungen haben selbstverständlich nicht nur zu diesen Festen geöffnet: An den Wochenenden, an Feier-

Die Straßen- und Trottoirstände vergrößern das Angebot noch um einiges und machen die besondere Atmosphäre in Redu aus.

tagen und während der Schulferien haben fast alle geöffnet, donnerstags und freitags etwa die Hälfte, an den anderen Wochentagen allerdings nur einige wenige. Ein Abstecher nach Redu ist doppelt lohnenswert, denn der Ort liegt in einer der reizvollsten Landschaften der Wallonie. in der Nähe des wild-romantischen Lesse-Tals.

i www.redu-villagedulivre.be

Gastro-Hotel-Tipp

L'Auberge du Sabotier
Grand Rue 21
6870 Awenne (Saint-Hubert)
Tel.: + 32 (0)84 36 65 04
www.les7fontaines.be
Mitten in der idyllischen Natur. Top-Küche im stilvollen Ambiente eines Landhauses: eine ehemalige Poststation aus dem 17. Jahrhundert in den Ardenner Wäldern. Einige Hotelzimmer.

Ausflugstipps

Astronaut in den Ardennen – Das einzige Space-Center Europas

Mit Erstaunen blickt man auf die futuristisch anmutende Anlage, die originalgetreu nachgebaute Europa 2 Rakete (Vorläuferin der Ariane), auf Sputnik-Satelliten, die Trägerrakete der Ariane 4, die alle mitten in den Ardenner Wäldern, direkt an der E411 Namur-Arlon, stehen. Wer hätte das gedacht, ein Raumfahrtzentrum im Süden Belgiens, das einzige dieser Art in Europa, und man kann es auch noch live erleben. Eine besondere touristische Attraktion, in der die Besucher vieles entdecken und eine Menge über die Menschheitsmission „Erforschung des Weltalls“ lernen können.

Kaum zu glauben, welche Dimensionen sich in den Hallen des Geländes verbergen. Ein originalgetreuer Nachbau eines Moduls der ISS Raumstation zählt ebenso wie das in Originalgröße nachgebaute Space Shuttle zu den Highlights. So nah kommt man der Raumfahrt und dem, was die Menschen in den Shuttles und Raumstationen erleben, nicht alle Tage. Im Modul der ISS faszinieren die Erläuterungen des Guides Robert Schewijck. „Natürlich wollen die Leute wissen, wie und wo die Astronauten schlafen“, betont Schewijck und öffnet eine Türklappe in der Wand. Dahinter verbirgt sich eine winzige Schlafkammer. „Betten gibt es natürlich nicht, in der Tat schlafen die Astronauten quasi in der Vertikalen hängend“, sagt er. Durch eine Raumstation zu gehen ist wirklich ein Erlebnis. Das gleiche gilt für den Blick auf das Space Shuttle und seine riesigen Triebwerke. Auch hier wird ein Blick ins Cockpit gewährt: Unglaublich, in welcher Enge die acht Besatzungsmitglieder, vier oben im Steuerungscenter und vier unten in der Kabine, leben.

Action und Lernen zugleich

Man darf sich ins Cockpit einer Raumkapsel setzen und sämtliche Instrumente begutachten. Eine Menge Action versprechen die „Mutproben" wie der Moonwalk-Simulator, bei dem man selbst die Kräfte, die beim schwebenden Gang über die Mondoberfläche auf die Astronauten einwirken, nachempfinden kann. Oder der Rotationssimulator, der die mögliche Orientierungslosigkeit im Weltall durch permanente Drehbewegungen in alle Richtungen simuliert. „Alle diese Geräte sind vollkommen ungefährlich", betont der Guide. Das Space Center ist vor allem auch für Kinder und Schulgruppen hochinteressant (Gruppen können auch in der Jugendherberge vor Ort übernachten), der Lernfaktor ist groß. Hier kann man sich handwerklich betätigen und seine eigene Rakete bauen und sie auf dem Gelände starten lassen.

Es wird jede Menge Programm geboten: vom Weltallwochenende für die Familie bis zum Astronautentraining für jedermann. Multimedial geht es überall zu. Vor allem auf dem Rundgang mit Audio-Guides durch die Geschichte des Planetensystems, auf dem Filmvorführungen und Animationsplattformen dem Besucher

Kaum zu glauben, ein Space Center mitten in den Ardennen! Eine außergewöhnliche und lehrreiche Freizeitattraktion

das Universum spielerisch und unterhaltsam näherbringen. Im Planetarium, einem Kuppelbau, wird die Erforschung des Weltalls in einer interessanten Filmversion auf amüsante und lehrreiche Art und Weise vermittelt.

Der Audio-Guide wie auch die Führungen werden in deutscher Sprache angeboten. Es gibt Wechselausstellungen zu verschiedenen Themen, die aktuelle beispielsweise widmet sich Materialien und Entwicklungen aus der Raumfahrt, die in unser tägliches Leben Einzug gehalten haben. Eine spannende Angelegenheit, bei der man in jedem Alter eine Menge lernen kann. „Es gibt hier so viel zu erleben, dass die meisten Leute sich einen ganzen Tag dafür Zeit nehmen", sagt Robert Schewijck.

Im Außengelände gibt es einen sogenannten Weltraumspaziergang mit mehrer Animationsstationen mitten in den Ardennen. Über 6 km geht es durch Wiesen, Gehölze, Hochwald und Tannenbestände. Er ist Teil der „Space Odyssey" und eines großen Ratespiels.

Die Space Odyssey besteht aus der Erkundung von Modellen des Sputnik-Satelliten, Gemini- und Apollo-Raumkapseln und dem Kennenlernen von Geräten, mit denen sich astronomische Koordinatensysteme bestimmen lassen.

i Euro Space Center
Rue devant les Hêtres 1
6890 Transinne
www.eurospacecenter.be

1.3. Provinz Namur

Temploux

Seit über 35 Jahren ist das kleine Zweitausendseelendorf Temploux, 10 km von Namur entfernt, der Anlaufpunkt für Sammler und Antik-Liebhaber. 1978 begann alles mit einem kleinen Markt auf dem Madelin-Platz. Von Jahr zu Jahr wurde der Markt immer größer und beliebter bei den Freunden von Antik- und Trödelmärkten aus nah und fern. Mittlerweile kommen im August jeden Jahres nahezu 150.000 Besucher aus ganz Europa zu diesem Marktereignis.

Man mag sich fragen, warum dieser größte Antik-Markt Belgiens ausgerechnet in Temploux stattfindet. Es ist sicherlich die besondere Atmosphäre, vor allem aber auch das Konzept, was Temploux auszeichnet.

„Viel Qualität und wenig Ramsch", das ist die Devise der Veranstalter des Marktes von Temploux.

Man legt hier viel Wert auf das Produktangebot, der Markt soll ein Antik- und Flohmarkt bleiben und nicht zu einem Wochen- bzw. Jahrmarkt verkommen, auf dem jeglicher gebrauchter Hausrat zu Ramschpreisen angeboten wird.

In Temploux kommen Sammler und Antiquitäten-Liebhaber auf ihre Kosten. Hier wird man leicht fündig, ganz gleich, welche kuriosen Objekte man sucht. Das können alte Bücher sein, alte Dokumente, Comics, CDs und Schallplatten, Münzen, Briefmarken, Postkarten, Sticker, Karten, alte Spiele, Modelbauobjekte, Streichholzschachteln, Fotoapparate, Brauereigegenstände, alte Puppen, Parfumflacons, Poster, Werbematerial jeglicher Art, Emailleschilder, Kinoobjekte, Objekte der Seefahrt, Federhalter, Uhren, Kaffeemühlen, Automaten jeglicher Art, Zinnsoldaten, Muscheln, Medaillen, Kartenspiele …

Was man beispielsweise auf dem Markt nicht gerne ausgestellt sieht, sind exotische Objekte oder auch moderne Möbel oder Bilder. Hier wechseln eher Raritäten wie „Spiderman 3“-Figuren den Besitzer, die anlässlich der amerikanischen Kinopremiere ausgestellt werden oder, so wird erzählt, gar eine uralte Kutsche. Unter einer Antiquität versteht man hier ein originelles Stück, ein rares Objekt, einen seltenen Fund, der als einzigartig angesehen wird, ein Objekt, das eine besondere Geschichte hat. Antiquitäten sind Stücke, die einmal einem bestimmten Zweck gedient haben: Das kann eine Kupferlampe sein, eine Serie von Kristallgläsern, medizinische Objekte vom Beginn des Jahrhunderts usw.

Auf diesem Markt werden Besucher und vor allem auch Sammler auf ihrem Rundweg an den Ständen der etwa 1200 Aussteller in den Straßen der Ortschaft entlang vielleicht gerade das Stück finden, das sie schon seit langer Zeit suchen – oder an das sie nicht im Traum gedacht haben.

Nahezu alle Straßen im Zentrum von Temploux sind in diesen 6 Kilometer langen Markt einbezogen, der bis in die Nacht hinein dauert. Es spielen Musikorchester, um Mitternacht kracht ein Feuerwerk. Ein Zelt mit einem Dutzend Ständen und 2000 Sitzplätzen dient an zentraler Stelle der Verpflegung der Gäste. Es gibt auch ein Restaurant, wo ein gastronomisches Menü angeboten wird (hier ist eine Reservierung notwendig).

Gegen zwei Uhr nachts ist dann Ruhe, bis es um sechs Uhr in der Früh dann schon wieder losgeht, wenn die ersten ihre Stände öffnen. Das Antiquitätenfest zieht sich dann noch über den ganzen Sonntag hin, mit Animationsprogrammen,

Gewinnspielen, musikalischen Veranstaltungen während des ganzen Nachmittags. Der Antik-Markt von Temploux ist mittlerweile so berühmt, dass sogar die BBC ein Fernsehteam hierhin geschickt hat, um eine Reportage zu machen. Viele Händler wie auch Besucher sind seit Jahren oder Jahrzehnten Stammgäste auf diesem Markt, der sich sein spezielles Konzept und seine besondere Ausstrahlung bewahrt, Jahr für Jahr. Heute kümmern sich ca. 400 Freiwillige um die Organisation dieses einzigartigen Antik-Marktes mitten in der Ardenner Landschaft.

Sammler frönen ihrer Leidenschaft in Temploux besonders ausgiebig.

Über eine Länge von rund 6 Kilometern reiht sich Stand an Stand durch den ganzen Ort.

i Das Dorf **Temploux** ist eine von 25 Gemeinden der Stadt Namur, es ist 10 km von Namur entfernt und liegt 60 km südlich von Brüssel.

Man erreicht Temploux über die Autobahn E 42, Ausfahrt 13, Spy.

Es gibt kostenlose Parkplätze entlang der zahlreichen Einfahrtsstraßen in den Ort (mit direktem Zugang zum Antikmarkt) sowie kostenpflichtige Parkplätze entlang der Chaussée de Nivelles, die von den angrenzenden Bauern bzw. Besitzern der Wiesen zur Verfügung gestellt werden. Alle 30 Minuten fährt auch ein Pendelbus von Namur nach Temploux und zurück.

Die nächsten Termine:
2013: 24. und 25.8
2014: 23. und 24.8
2015: 22. und 23.8

ASBL Brocante de Temploux
Place du 150. Anniversaire
5020 Temploux
Tel.: + 32 (0)81 56 73 17
www.temploux.be/brocante

Ausflugstipps

Logenplätze der Lebensart zwischen Namur und Dinant

Ein Ausflug in diese Naturregion zählt wohl zu den schönsten Erlebnissen in der Wallonie, vor allem im Sommer. Von Temploux aus ist das Maastal in einer halben Autostunde zu erreichen. Die Landschaften geizen nicht mit Burgen, Schlössern, Gärten, Uferpromenaden, Freizeitattraktionen, Kuriositäten und herrlichen Ausblicken auf die Ebene der Maas und ihre Nebentäler.

Die Maasreise immer am Fluss entlang führt von Namur über die N 92 Richtung Dinant. In Wépion fallen im Sommer die kleinen Holzbuden auf, in denen heimische Erdbeeren angeboten werden, Wépion gilt als das Herz des Anbaugebietes der süßen, roten Früchte. An den Ufern der Maas kann man Rast machen und den Blick von einer Parkbank aus über die herrschaftlichen Villen

Wunderschönes und idyllisches Panorama an der Maas, unweit von Temploux

mit ihren Bootsstegen und Gärten unterhalb der steilen, oft begrünten Felshänge schweifen lassen. Eine solche charakteristische Villa direkt an der Maas beherbergt das originelle Hotel „Villa Gracia" mit ausgedehntem Garten und Erkerterrasse zum Fluss hin. Direkt vis-à-vis erstreckt sich einer der schönsten Golfplätze der Region, der „Golf de Rougemont" (www.golfderougemont.be).

Die Route verläuft nun Richtung Profondeville, einem charmanten, urtypischen Maasdorf direkt am Fluss, dessen romantische Uferpromenade selbst in der Hochsaison eine entspannende, fast südländische Ruhe verspüren lässt.

Der Chaussée de Dinant folgend erreicht man die große Biegung der Maas beim Dorf Rivière. Hoch über den Mäandern des Flusstals erwartet den Entdeckungsfreudigen eine Oase. Von der N92 biegt man rechts ab und folgt immer der Beschilderung „Point de Vue 7 Meuses". Serpentinenartig steigt die Straße steil hinauf (Rue Bois-Laiterie, Rue des 7 Meuses), bis auf einige Hundert Meter über der Maasebene. Auf dem höchsten Punkt liegt sie, die Terrasse „Les 7 Meuses" des gleichnamigen Café-Restaurants. Ringsum nur Wald und Vegetation, man fühlt sich fast wie in der Provence. Den Ausblick und die Lage kann man getrost als spektakulär bezeichnen und näher kann man wohl kaum am Rand eines Plateaus Platz nehmen. Das modern gestylte Restaurant bietet eine ansprechende Küche, was sich auch in großen Portionen äußert. Die Preise sind trotz der herausgehobenen Location moderat.

Viele romantische Nebenflüsse

Wieder zurück an der Maas, in die nun bald ihre vielen Nebenflüsse wie Lesse, Bocq, Sambre, Molignée, Mehaigne, Samson oder Semois münden, bietet sich erneut ein Abstecher an, diesmal zur Prachtanlage der Schlossherren de Montpellier (Beschilderung „Les jardins d'Annevoie").

Der reiche Besitzer von Gießereien und Schmieden und begabte Ästhet Charles-Alexis de Montpellier verstand es vortrefflich englische, französische und italienische Stilelemente in den grandiosen Naturschauspielen dieser Gärten zu verbinden.

Das besondere an den Wassergärten von Annevoie ist die Kunst an jeder Ecke, an jeder Wegbiegung eröffnen sich neue, raffinierte Perspektiven. Alleen, Laubengänge, Statuen, Trompe-l'oeil-Bilder und wunderschöne Blumenbeete bilden zusammen mit zahlreichen Springbrunnen, Bächen und Quellen eine phan-

Plätze mit Aussicht zum komfortablen Rasten hoch über dem Flusstal

tasievolle Naturwelt. In rund 50 Wasserspeiern, Fontänen und Wasserfällen sowie in 20 Becken und Teichen fließt, sprudelt und plätschert es. Allein durch natürliches Gefälle fließt das Wasser seit 230 Jahren ununterbrochen durch die Gärten von Annevoie. Entweder fährt man von hier dann wieder an der Maas entlang direkt nach Dinant oder man biegt hinter Annevoie ins liebliche Molignéetal ab. Gleich fünf Klöster und mehrere bezaubernde Weiler und Dörfer wie Falaën und Sosoye machen es zu einem der reizvollsten Ausflugsziele der Provinz Namur. Hier kann man auch Draisine fahren: Zwei Personen treten in die Pedale, zwei andere haben Pause und genießen die Fahrt auf dem Schienenfahrzeug, das ein Deutscher, Graf von Drais, erfunden hat. In wunderschöner Natur verläuft die Strecke auf der ehemaligen Bahnlinie drei oder vier Kilometer durch das pittoreske Tal des Flüsschens Molignée. Es geht über Brücken und durch kurze Tunnel.

Nach einer Pause, die man z.B. in der Abtei von Maredsous einlegen kann, geht es wieder zurück. Die Abtei, ein kulinarischer wie auch besinnlicher Ort, ist das bekannteste und imponierendste Kloster weit und breit. Hier werden wahre Köstlichkeiten an Käse und Bier hergestellt, die auch auf der riesigen Terrasse des Abteigeländes verköstigt werden können.

Ausflugsadressen:

- Draisines de la Molignée
  Rue de la Molignée 116
  5537 Anhée
  Tel. : +32 (0)82 69 90 79
  Email : draisines@skynet.be
  www.draisine.be
- Les 7 Meuses
  Rue du Sart à Soile
  5170 Rivière
  Tel.: +32 (0)81 22 05 05
  www.7meuses.be
- Gärten und Schloss von Annevoie
  Rue des Jardins 37a
  5537 Annevoie
  Tel.: +32 (0)82 67 97 97
  www.jardins.dannevoie.be

Hotel-Tipp:

- Hotel Villa Gracia
  Chaussée de Dinant 1455
  5100 Wépion
  Tel.: +32 (0)81 41 43 43
  www.villagracia.com

i Fédération du Tourisme de la Province de Namur
Avenue Reine Astrid 22/2
5000 Namur
Tel.: +32 (0)81 77 67 57
www.paysdesvallees.be

Außergewöhnliche Märkte

1.4. ARDENNEN

HARZÉ/AYWAILLE

Ein Wochenende lang um die Wette duften beim Käsefest Harzé.

Harzé in der Provinz Lüttich nahe Spa besitzt eine der makellosesten Schlossanlagen Belgiens. Ein würdiger Rahmen für das jährliche Käsefest der Wallonie, das seit über 30 Jahren besteht. Auf dem wunderschönen Schlosshof präsentiert die Gilde der Käsehersteller (rund 30) ihre feinen Produkte. Insgesamt werden rund 200 Käsesorten aufgetischt. Das Fest für den Gaumen und die Nase zieht sowohl Feinschmecker und Gastronomen als auch neugierige Käseliebhaber aus den angrenzenden Regionen an, die ein außergewöhnliches Fest an einem imposanten Ort genießen wollen. Die Stände sind in Zelten rund um den Ehrenhof und die Gartenanlage des Schlosses arrangiert.

Das Komitee „Soutien des Fromages de Wallonie“ organisiert die jährliche Wahl des „Wallonischen

Stände auf dem Käsefest von Harzé

Käses“. Eine Jury wählt die besten Käse in verschiedenen Kategorien aus. Auch die Presse wählt ihre Favoriten. Eine dieser Käsesorten wird zudem mit dem Spezialpreis der Provinz Lüttich prämiert. Alle Ergebnisse werden am Sonntagnachmittag bekanntgegeben. Vom Geheimtipp Abteikäse über den regionalen Favoriten, den Herver Käse bis zum raffinierten Ziegenkäse lernen die Besucher die Käsevielfalt gleich mehrerer Länder kennen. Verschiedene Bruderschaften, außerdem Konzerte, Milchbar, Stände und kleine Gastronomie, Hüpfburg und Kinderschminken vervollständigen das Angebot. Der Eintritt zum Käsefest ist kostenlos.

Die grandiosen Schlossgebäude in ihrer heutigen Form mit Elementen des Maasstils stammen aus dem 17. und 18. Jahrhundert. Es wurde zu Beginn des 20. Jahrhunderts komplett restauriert und ist heute auch ein Hotel. In der romantischen Taverne mit schöner Terrasse zum Schlosshof werden regionale Produkte angeboten.

i Château de Harzé
Route de Bastogne 1
Samstag von 14 bis 19 Uhr,
Sonntag von 12 bis 19 Uhr.
Tel.: +32 (0)4 384 35 44
www.fetedufromage.be
www.chateau-harze.be
Das Käsefest findet jährlich im August statt.

MODAVE

Ein Fest für die Sinne

Das prunkvolle Anwesen von Schloss Modave bei Huy ist zur Weihnachtszeit eine besondere Quelle der Inspiration.

Die Harmonie auf dem in einer endlos erscheinenden Naturlandschaft gelegenen Gut von Modave ist geradezu ansteckend. Schon die Anfahrt über eine prächtige, weite Allee lässt erahnen, dass man sich einem herrschaftlichen Besitz nähert, dessen Lage unvergleichlich sein muss. In der Tat:

Durch die Toreinfahrt zwischen den langgestreckten Nebengebäuden des Parks fällt der erste Blick über das Bassin des Schlosshofes hinweg auf die Schönheit der klassizistischen Fassade des Hauptbaus. Auf einem Plateau erbaut, an dessen Fuß, also 57 m tiefer der Hoyoux fließt, hat das Schloss sein heutiges Aussehen dem Grafen Marchin zu verdanken. Er restaurierte die Gebäude und richtete sie im damals französisch beeinflussten Stil ein (1652 bis 1673).

Weihnachtliches Schlendern durch prunkvolle Epochen

Die 21 Räume des Schlosses sind alle möbliert und reich verziert mit Stuckarbeiten, Marmor, Brüsseler Wandteppichen, chinesischer Seide, kunstvollen Holzwandtäfelungen und vielen Gemälden. In der Weih-

Ein Weihnachtsmarkt im besonderen Ambiente eines der schönsten Schlösser Belgiens; Modave liegt zwischen Lüttich und Namur.

nachtszeit sind sie jedes Jahr in ein festliches Gewand gekleidet. Bereits seit mehr als 20 Jahren gibt es in Modave eine jährliche Weihnachtsausstellung (täglich von Anfang Dezember bis Anfang Januar), die besondere Züge trägt. Denn man kann nichts käuflich erwerben. „Sinn und Zweck sind die Dekorationen im Geiste der Weihnacht und der festliche Glanz der geschmückten Räumlichkeiten. Hier sollen sich die Besucher inspirieren lassen ihr eigenes Zuhause zu den Festtagen zu schmücken", betont Renée Van Beneden, die für die deutschsprachigen Führungen zuständig ist. Ein Erlebnis für die Sinne sondergleichen. Eintauchen in glanzvoll herausgeputzte Interieurs und eine Stimmung, die den Reiz der Festtagszeit auf den Besucher überträgt. „In jedem Jahr haben wir ein bestimmtes Thema", sagt Van Beneden. Einzigartig ist bereits der Gardesaal (17. Jahrhundert) durch den der Besucher beim Betreten des Schlosses geleitet wird. An der Decke hat J.C. Hansche in Stuckarbeit einen Stammbaum mit den 32 Schildvierteln des Grafen abgebildet. Dieses Kunstwerk zeigt Ritterfiguren im Relief und hat eine Oberfläche von 135 m². Beeindruckend ist auch der komplett holzverzierte Gemäldesalon, dessen Fenster einen famosen Blick auf das herrliche Tal unterhalb des Schlossfelsens bieten. Sehr elegant zeigt sich der Salon Ludwig XV., wie geschaffen für weihnachtliches Dekor, mit fein geschnitztem und vergoldetem Wandschmuck auf den Nussbaumknorren der Täfelungen. Betörend schön ist das Geschirr von Modave, es umfasst insgesamt 1.130 Einzelteilen (um 1870 in der Faïencerie von Gien gefertigt) und ist zum Teil im großen Saal Herkules dekoriert. Man möchte sich am liebsten an dieser gräflichen Prunktafel niederlassen, um für einen Moment den Glanz dieser Epoche ganz für sich zu haben.

Wer nach diesen vielen Eindrücken eine kleine Pause braucht, kann sich unter den dreihundertjährigen Gewölben der alten Küche im aparten Café/Restaurant des Schlosses an typisch belgischer Gastlichkeit erfreuen.

i Château de Modave
4577 Modave
Tel.: +32 (0)85 41 13 69
www.modave-castle.be

NUSSMARKT

Spa

Großer Nussmarkt in der Stadt der Wassers

In den Ardennen wird die Nusssaison mit traditionellen Märkten gefeiert. Einer davon ist der Nussmarkt in Spa, der Wasserperle der Ardennen. In dem aufstrebenden Städtchen feiert man – immer gut und gerne – verschiedenste Veranstaltungen und Feste. Jedes Jahr an einem Samstag Mitte November ist der ganze Platz am Kurpark im Zentrum vollgepackt mit Ständen, an denen viele leckere Sachen angeboten werden, nicht nur Kulinarisches rund um die Nuss. Das Angebot ist breit gefächert, wie auf einem Wochenmarkt.

Seit uralter Zeit ist der Nussmarkt, der Foire aux Noix, in der Tradition Spas ganz besonders verankert. Seit mindestens 1612 gibt es in Spa einen Markt. Das belegt ein alter Stich in Breughel-Tradition, der den heutigen Rathausplatz zeigt, auf dem ein Freiluftmarkt abgehalten wird. Heute zählt der Markt rund 200 Aussteller. Seit 2012 sind auch der „Sieben-Uhr-Park", die Rue Royale und die Place Royale mit einbezogen. Auch die Geschäftsleute um Spa nehmen an dieser Veranstaltung teil, es gibt Sonderangebote und die Öffnunsgzeiten sind bis 20 Uhr verlängert.

Inside Spa

Illustre Persönlichkeiten von Casanova bis Peter der Große gaben sich im Kurort Spa die Ehre. Der Zar besuchte Spa 1717 und erfuhr Linderung seiner Leiden. Ihm ist der Brunnenbau im Zentrum gewidmet, der „Pouhan Pierre Le Grand". Das Wasser in diesem Brunnen ist mit circa zwanzig verschiedenen Mineralien das mineralreichste der Stadt.

Im Jahr 2012 wurde der originalgetreu rekonstruierte Bau neu eröffnet. In ihm findet das Office du Tourisme von Spa einen zentralen und würdigen neuen Standort. Dort, wo früher die Gäste aus dem benachbarten Kurhaus durch die Wandelhalle flanierten, werden heute auch Ausstellungen arrangiert.

Das sehenswerte Gemälde „Le livre d'Or", eine Art goldenes Buch von Spa, wurde auch wieder in Szene gesetzt, das neun Meter lange Werk mit Porträts ziert nun die Eingangshalle. Man kann anhand eines Displays 92 der vielen Berühmtheiten, die Spa einst besuchten, anklicken und ein Kurzportrait aufrufen (in vier Sprachen).

Auch mit dem alten Kurhaus, das voller architektonischer Kleinode steckt, hat man Großes vor. Die „Martin's Hotels"-Gruppe, die bekannt ist für außergewöhnliche Häuser an außergewöhnlichen Orten (u.a. in Schlössern und ehemaligen Kirchen) hat den Zuschlag erhalten und wird ab 2013 hier ein Luxus-Hotel errichten. Direkt vis-à-vis erstreckt sich der Kurpark, der sogenannte Sieben-Uhr-Park. Ihn krönte einst die Léopold II-Galerie, die auch heute noch besteht (sonntags gibt es hier einen traditionellen,

Das lebendige Spa steckt voller Tradition, gleichzeitig ereignet sich aber eine erstaunliche Auffrischung des legendären Kurorts, die überall spürbar ist.

Marie-Henriette-Pavillon und Kabinenbahn zur Therme

überdachten Flohmarkt). Nach einer Phase des Verfalls wurde auf Druck des belgischen Königs Leopold II. das Thermalbad im Rahmen eines umfangreichen Renovierungsprogramms wiederhergestellt. In diesem Zusammenhang wurde 1878 eine überdachte Galerie von 130 m Länge eingeweiht. An ihren Enden schließt sie mit je einem Pavillon ab. Der ovale trägt den Namen „Petits Jeux", während der quadratische nach der Gemahlin Leopolds II., Königin Marie-Henriette, benannt ist. Drei Vorbauten unterbrechen den langen Wandelgang mit seiner hölzernen Kassettendecke, die von gusseisernen Säulen getragen wird und mit dekorativen Elementen aus Schmiedeeisen verziert ist. Der vollständig renovierte Marie-Henriette-Pavillon vorne am Park soll 2013 als Brasserie neu eröffnet werden.

i Spa Tourisme
Pouhon Pierre le Grand
Rue du Marché 1a
4900 Spa
Tel.: 0032 (0)87 79 53 53
www.spatourisme.be

Ostbelgien

St. Vith

Der Katharinenmarkt – Herbstzeit ist Märktezeit

In der Herbstzeit lädt die Natur zu erholsamen Ausflügen, Wanderungen und Spaziergängen ein. Doppelt Freude machen jetzt Touren durch die ostbelgischen Landschaften, die man mit dem Besuch eines traditionellen Herbstmarktes verbinden kann. Das Bummeln über pulsierende, typische Märkte, Geselligkeit und ein außergewöhnliches Angebot bieten reizvolle Abwechslung.

Der Katharinenmarkt in St. Vith ist unbestritten der traditionsreichste und bedeutendste der großen Herbstmärkte. Der „Kathrenge Maart“ mit seinen rund 230 Ausstellern löst eine regelrechte Völkerwanderung aus. Die Besucher kommen aus den umliegenden Regionen, aber auch aus Deutschland, Luxemburg und den Niederlanden.

Nachweisbar gilt die Stadt seit dem 12. Jahrhundert als bedeutender Marktflecken. Der heutige Rathausplatz war ursprünglich der Marktplatz von St. Vith. Der St. Vither

Der Katharinenmarkt in den Straßen von St. Vith im Süden Ostbelgiens ist ein Vergnügen für die ganze Familie.

Jahrmarkt geht auf das 15. Jahrhundert zurück. Das große Volksfest fand anfangs im Frühjahr, am 25. Juni, dem Namenstag des Stadtpatrons, des Hl. Vitus, statt, wurde aber später auf den Herbst verlegt, auf den Namenstag der Stadtpatronin, der Hl. Katharina von Alexandria (25. November).

Circa 10.000 Besucher werden erwartet, die von 7.30 Uhr bis etwa 17 Uhr in St. Vith ein breites Angebot vorfinden. Nicht nur in den traditionellen Marktstraßen (Major-Long-Straße, Bahnhofstraße, Mühlenbachstraße, Bleichstraße, Teichgasse und Feltzstraße), sondern zusätzlich auch in der Haupt- und der Malmedyer Straße, die ebenfalls in eine große Fußgängerzone umgestaltet werden, sind die Marktstände dicht gedrängt nebeneinander aufgereiht. Aber auch die St. Vither Geschäftswelt lockt die Käuferschar, mit interessanten Preisvergünstigungen und Sonderangeboten. Das Hotel- und Gaststättengewerbe hat sich ebenfalls auf den Ansturm der Besucher eingestellt. Denn zu den guten alten Sitten, die bei den Gästen weiterhin sehr hoch im Kurs stehen, gehören eine deftige Erbsensuppe oder Kassler, Mett- und Knackwürste mit Püree und Sauerkraut.

Und beim größten Volksfest in der belgischen Eifel fehlt es auch an der sprichwörtlichen Geselligkeit nicht. Unterhaltungs- und Tanzmusik am laufenden Band steht in einem geheizten Festzelt auf dem Rathausplatz an, von 10.30 Uhr bis 23 Uhr bei freiem Eintritt mit verschiedenen Musikdarbietungen und buntem Unterhaltungsprogramm.

i Tourismusagentur Ostbelgien
Hauptstraße 54
4780 St. Vith
Tel.: +32 (0)80 22 76 64
www.eastbelgium.com

Märkte in der Wallonie

1.5. Regelmässig stattfindende Märkte

Wallonie

Markt, Lüttich

„La Batte", größter und ältester Wochenmarkt in Belgien mit regionalen Produkten, jeden Sonntag von 8 bis 14.30 Uhr, Quai Van Hoegaerden bis zum Quai Saint-Léonard
Info: +32 (0)4 221 92 29

Trödelmarkt, Lüttich

„Saint-Pholien", jeden Freitagmorgen von 6 bis 13 Uhr, Place Jehan le Bel und Boulevard de la Constitution (Stadtteil Outremeuse ab Kirche St. Pholien), Info: +32 (0)4 221 92 29

Trödelmarkt, Lüttich

„Puces de Saint-Gilles", jeden Samstag 8 bis 13 Uhr, Boulevard Louis Hillier und Boulevard Auguste Kleyer

Spa

Flohmarkt, jeden Sonntag von 8 bis 13h, überdachte Galerie Leopold II. Info: +32 (0)87 22 32 63 – Mobil: +32 (0)476 57 47 41, findet während der Francofolies (zweite Juli-Hälfte) nicht statt.

Battice

Antik- und Flohmarkt in den überdachten Viehmarkthallen, jeden Sonntag von 7 bis 13 Uhr.
Rue Forges-les-eaux, 12,
4651 Battice, Tel. +32 (0)87 67 51 61

Arlon

Flohmarkt „Marché aux Puces du Vieil Arlon", von 5.30 bis 17 Uhr jeden ersten Sonntag des Monats von März bis November, auf der Grand Place und in der Fußgängerzone
Info: +32 (0)63 37 01 32

Bouillon

Flohmarkt, jeden zweiten Sonntag des Monats von April bis Oktober von 8 bis 13 Uhr
Info: +32 (0)61 46 62 57

Florenville

Flohmarkt, jeden letzten Sonntag des Monats von März bis Oktober von 6 bis 16 Uhr, Rue de la Fontaine
Info: +32 (0)61 31 30 11

Eupen/Kettenis
Flohmarkt, jeden Sonntag auf dem Parkplatz hinter der Sport- und Festhalle von 6 bis 14 Uhr

Dinant
Zweitgrößter wöchentlicher Trödelmarkt in der Provinz Namur, jeden Samstag von April bis Oktober, Parking Auberge de Praule
Info: +32 (0)479 24 91 31 (Mobil)

Namur
„Marché du Beffroi“ ganzjährig, Sonntag von 11 bis 17 Uhr
Info: +32 (0)81 26 26 38

Jambes
Trödel- und Antikmarkt, jeden Sonntag von 8 bis 13 Uhr
„Quai de Meuse"

Welkenraedt
Flohmarkt, jeden Sonntag von 7 bis 13 Uhr, Place des Combattants,
Info: +32 (0)87 89 12 00

Mons
Flohmarkt, jeden Sonntag von 8 bis 14 Uhr, Place du Béguinage et Place Simonet
Info: +32 (0)65 33 55 80

(Quelle: Wallonie-Brüssel Tourismus)

2. Flandern

2.1. Provinz Limburg

Tongeren – eine kleine Legende

Der bekannteste Antik-und Trödelmarkt der Benelux-Länder: Im Zentrum der Stadt lässt der typisch belgische Zeitvertreib mit seinem Kosmos des Feilschens und der Eitelkeiten aus zweiter Hand eine lebendige Atmosphäre entstehen. Da stehen die Ikonen auf dem Asphalt, liegen „alte Meister" auf löchrigen Decken, werden Pappkartons zu Wühlkisten und Schatztruhen umfunktioniert. Antike Möbelstücke jeglicher Couleur sind quer über die Bürgersteige geparkt, wertvoll wirkende Kommoden, Garderoben, Tische und Stühle voller Schnitzwerk und kunstvolle Verzierungen, den Gehweg kann man kaum noch als solchen erkennen. Schrulliges und schönes, Krempel und Kunst, Puppen und Porzellan teilen sich den Platz auf der Meile des glücklichen Fachsimpelns.

Tongeren

Im altehrwürdigen Café Poorthuis versammeln sich Aussteller wie Besucher, halten ein Schwätzchen und stimmen sich auf einen interessanten Tag ein. Es geht geschäftig zu in dem Café am Moerenpoort, dem einzig erhaltenen mittelalterlichen Stadttor der ältesten Stadt Belgiens. Lautes Stimmengewirr an den gemütlichen Tischen, im Sommer auch draußen, und das schon früh am Sonntagmorgen.

Hier beginnen viele den Trödelsonntag in Tongeren und lassen ihn hier auch ausklingen. Es wird berichtet von sensationellen Schnäppchen, enttäuschenden Fehlkäufen oder

Wie eine Trophäe tragen Sammler stolz ihre Errungenschaft nach Hause.

dem lang ersehnten Traum einer antiken Kommode. Oder man fachsimpelt und diskutiert das Aktuellste

Die angebotenen Gegenstände an den Ständen sind oft alles andere als Ramschware, das wissen die Besucher seit Jahrzehnten zu schätzen.

aus der Händlerszene, spricht über neue Standnachbarn. Da ist das quirlige Leben rund um den größten Antik-und Trödelmarkt der Benelux-Länder, in Cafés und Kneipen, das Relaxen auf den Terrassen bei Abteibier, Kaffee und Genever, Waffeln, Kuchen oder Muscheln mit Pommes. Laissez-faire und typische Lebensart eben, auch das macht den Reiz eines Besuches in Tongeren aus.

Die ersten Stammkunden und Neugierige haben bereits ihren Bummel weit vor zehn Uhr morgens beendet. Gegen sechs Uhr geht es schon los, wenn die ersten mit Taschenlampen ausgerüstet auf Schnäppchentour gehen. „Das sind vor allem diejenigen, die ganz gezielt spezielle

Dinge suchen", weiß Stephane Nijssen vom Verkehrsamt in Tongeren, ein ausgesprochener Kenner des Marktes.

Indoor und Outdoor

Glück muss man haben, sehr früh auf den Beinen sein und gut feilschen können. Zeit ist wichtig, denn es gibt theoretisch immerhin an die 350 Aussteller abzuklappern, an der ehemaligen Stadtmauer, dem Leopoldwall entlang, über die Clarissenstraße, den Veemarkt, den Hospitalplatz, die de Schiervelstraat und in der Eburonenhalle. Und nicht nur das. Über 40 sind sozusagen „Indoor-Händler", 25 von ihnen haben nicht nur zum sonntäglichen Markt geöffnet, sondern bedienen auch unter der Woche eine oft elitäre Klientel.

Einige Geschäfte sind so edel ausgestattet, dass man sich in die prätentiöse Rue de Rivoli mit den nobelsten Antik-Adressen von Paris versetzt fühlt. „Und gerade das macht den Unterschied zwischen Tongeren und herkömmlichen Flohmärkten aus", betont Stephane Nijssen. Den unmöglichsten Kitsch findet man genauso wie atemberaubende Kunstgegenstände und Möbel vom Allerfeinsten.

Der Tongerener Markt zählt sicher zu den interessantesten in Belgien, denn das Angebot und die Atmosphäre im Zentrum der geschichtsträchtigen Stadt suchen ihresgleichen.

Genüsslich und gemächlich

In Tongeren geht es eher gemächlich zu. Man hat Zeit zum Schauen und Stöbern, einen Kaffee zu trinken und schließlich will auch noch ausgiebig gehandelt werden. Ein wenig Hektik kommt höchstens auf, wenn gegen 13 Uhr die Händler die obligatorischen blau-gelben Bananenkisten herausholen und beginnen, die übrig gebliebenen Preziosen wieder in den Transportmitteln zu verstauen. Bereits seit über 36 Jahren besteht dieser Markt. Wer ihn ins Leben rief, auch das ist eher Legende als Geheimnis.

Am Anfang standen 1976 die Treffen von Einheimischen und Gleichgesinnten im immer noch bestehenden Café Rembrandt, bei denen ihnen die kurios anmutende Idee kam, überflüssigen Hausrat einfach auf dem Platz zu verscherbeln.

Heute ist der Markt international und multikulturell. Man vernimmt zunehmend Russisch, Spanisch, Portugiesisch, Italienisch, sieht Asiaten an den Ständen gestikulieren. Englische Reiseveranstalter schicken ganze Busladungen von Touristen über den Ärmelkanal. „Im Jahresdurchschnitt sind es 5.000 bis 7.000 Besucher", sagt Nijssen, „bei schönem Sommerwetter kommen auch weit über 10.000 Trödelfans sonntags in unser Städtchen."

Die älteste Stadt Belgiens

Atuatuca Tungrorum wurde Tongeren von den Römern genannt. Vom zweiten bis vierten Jahrhundert war sie ein prosperierendes Handelszentrum an einem Kreuzungspunkt der Straßen nach Maastricht, Köln, Bavay, Nijmegen und Doornik. Aus dem zweiten und vierten Jahrhundert stammen auch die ersten Stadtbefestigungen. Servatius, der erste Bischof von Tongeren verlegte 343 seinen Sitz aus Sicherheitsgründen nach Maastricht. Nach einer langen Zeit des Niedergangs blühte Tongeren als Stadt des Fürstbistums Lüttich im 13. Jahrhundert neu auf. Sie erhielt eine neue Kirche, einen Marktplatz und einen neuen Schutzwall. 1677 brannten die Franzosen Tongeren nieder. Um 1900 wurde sie an das Schienennetz angebunden. Heute ist Tongeren eine beliebte Einkaufsstadt mit vielen geschichtlichen Sehenswürdigkeiten. Der Beginenhof steht seit 1998 auf der Liste des Unesco-Weltkulturerbes. Legendär ist Ambiorix, der König der Eburonen, der den Aufstand gegen die Römer anführte. Berühmt wurde er durch seinen Sieg gegen Caesar 54 v. Chr., die verheerendste Niederlage der Römer während des gesamten Gallischen Krieges. Die neue „Meilensteinroute" mit drei Routenvarianten führt die Besucher auf die historischen und kulturgeschichtlichen Spuren Tongerens und seines Helden.

Indoor-Antikmarkt in Tongeren

Ausflugstipp

Gallo-Römisches Museum

Wer möchte und entsprechend Zeit einplant, sollte sich die kulturellen Highlights in Tongeren nicht entgehen lassen, allen voran die gotische Basilika mit den phänomenalen Picard-Orgeln und Ausgrabungen, den berühmten Beginenhof und die geschichtsträchtige 4,5 km lange Ambiorix-Route.

Seit der Wiedereröffnung des Museums 2009 wurden ehrgeizige Ziele in Angriff genommen. „Wir wollten das beste und größte Museum dieser Art in Belgien werden und uns einen Spitzenplatz in der Rangliste der europäischen archäologischen Museen erobern", erklärt die Direktorin Carmen Willems. Sie deutet auf die großen, silbernen Lettern in Griechisch an der Museumswand, Worte des römischen Kaisers und Philosophen Marc Aurel: „Alles, was geschieht, ist eine Folge dessen, was geschah".

„Dieses Motto", erklärt sie weiter, „ist für uns und unsere Arbeit wie auch für die Konzeption des neuen Hauses Inspiration und Philosophie zugleich". In der Tat erhielt das Gallo-Römische Museum Tongeren 2011 die begehrte Auszeichnung „European Museum of the year". Das Haus macht die faszinierende

Das Gallo-Römische Museum Tongeren wurde 2011 „European Museum of the year“

Welt einer fernen Vergangenheit für jedermann zugänglich. Auf der beeindruckenden Fläche von rund 12.000 Quadratmetern sind etwa 2.200 Objekte in großen und offenen Räumen ausgestellt.

Verschiedene Medien und Animationen, interaktive Anwendungen und lebensechte Figuren sind die Protagonisten. „Das Publikum und seine unterschiedlichen Interessen und Kenntnisse stehen immer im Blickpunkt. Anhand von Umfragen ermitteln wir, was die Leute von einem Museum dieser Art erwarten, wie sie die Ausstellungen erleben“, sagt Carmen Willems.

i Toerisme Tongeren
Via Julianus 5
3700 Tongeren
Tel. : +32 (0)12 80 00 70
www.tongeren.be/toerisme

Hotel-Tipp

- Eburon-Hotel
  De Schiervelstraat 10
  3700 Tongeren
  Tel.: +32 (0)12 23 01 99
  www.eburonhotel.be

Schickes Designhotel mit farbenfroh-frisch gestylten Zimmern. Kein Restaurant im Haus

2.2. Brügge

Der Grote Markt und viele andere Glanzstücke

Die Stadt der Grachten und Burgunderherzöge ist ein lebendiges Geschichtsbuch mit vielen Schokoladenseiten. Wenn man noch einen Schokoladenmarkt erfinden wollte, dann müsste er in Brügge beheimatet sein. Den idealen Platz gibt es dafür schon, den Grote Markt, einer der schönsten und bekanntesten Belgiens, mitten im historischen Zentrum. Ein Besuch in Brügge wird schnell zur kalorienreichen, aber den Gaumen schmeichelnden Angelegenheit. Denn hier sind mehr als 50 Chocolatiers erster Güte mit ihren exklusiven Boutiquen vertreten. Die kleinen, duftenden Läden gehören zum Stadtbild Brügges wie die Grachten und der berühmte Belfried. Flanderns größter Antiquitäten- und Flohmarkt existiert bereits in Brügge.

Vor der Bilderbuchszenerie des Grote Markt lässt es sich vortrefflich verweilen und flanieren. Die prachtvollen historischen Gebäude ziehen die Blicke magisch an, zu jeder Tages- und Jahreszeit.

Flanderns größter Antiquitäten- und Flohmarkt findet aber nicht auf dem Grote Markt von Brügge statt, sondern auf dem „'t Zand"-Platz.

Eine beeindruckende Kulisse und ein imposantes Angebot finden Besucher auf dem „Zandfeesten" in Brügge, einem Tummelplatz für Sammler und Antik-Fans.

Wer sich Zeit nimmt, kann so manches Kuriose und auch Seltene aufspüren. Vier Kilometer Standreihen gibt es auf dem Markt zu erkunden.

„Zandfeesten" heißt denn auch dieses Marktfest, das dreimal im Jahr organisiert wird, in den Monaten Juli, August und September. Über 800 Aussteller geben sich ein Stelldichein auf dem Platz vor dem Konzertgebäude in Brügge. Von 7 Uhr morgens bis 7 Uhr abends präsentieren die Händler ihre Waren. Das reichhaltige Angebot von wertvollen Antiquitäten, buntem Trödel, hochwertigem Kunsthandwerk und interessanten Kuriositäten hat es in sich. Da lohnt sich das ausgiebige Stöbern. Um alles zu sehen, muss man einen Weg von rund vier Kilometern zurücklegen. Dem Grote Markt hingegen bleibt die unvergleichliche Kulisse vorbehalten: die neugotischen Bauten, das flanierende Publikum und die geschichtsträchtige

Tuchhalle und Belfried am Grote Markt in Brügge

Bühne zwischen Rathaus, Tuchhallen und den zahlreichen Restaurants und Cafés. Die Szenerie wird über den alten Tuchhallen aus dem 13. Jahrhundert noch überragt von dem 83 m hohen Belfried. Im Turm hängen die 47 Glocken des stündlich erklingenden Glockenspiels, das ebenso die Atmosphäre prägt wie die originellen, grünen Frittenwagen und die Kutscher auf dem Platz, eines der beliebtesten Fotomotive. Besucher können die 366 Stufen hinauf zur Schatzkammer erklimmen und auf die Panoramaplattform des Belfrieds hinaustreten: Der Blick über den Platz und die Grachten ist grandios.

i
www.halvemaan.be
www.bbyb.be
www.choco-story.be
www.dijver.be
www.chocinbrugge.be
www.chocolateline.com
www.relaisravestein.be

Tourismusinformation Brügge
In&Uit Brugge
't Zand 34
8000 Brugge
Tel.: +32 50 44 46 46
www.brugge.be

Choco-Town

Wie es sich für eine Schokoladenstadt geziemt, darf sich Brügge mit einer offiziellen Stadtpraline schmücken, dem „Brugsche Swaentje" (Brügger Schwänchen). Eine Sünde aus Haselnusspraliné und knusprigem Brügger Mandelkeks. Das Rezept bleibt ein Geheimnis. Bei einem Bummel durch die engen Gassen, über beschauliche Plätze und Brücken kann man sich dem Zauber dieser Schokoladenwelt nicht entziehen. Der Kreativität der Schokoladenmeister sind kaum Grenzen gesetzt. Die verführerischen Auslagen der Geschäfte sind kleine Kunstwerke. „Schock-o-latier" Dominique Persoone hat die wohl exaltierteste Schokoladen-Boutique der Stadt mit Schoko-Lippenstiften, Wasabi- und Knoblauchpralinen. Sein „The Chocolate Line" am Simon Stevinplein 19 ist eine von nur drei Chocolaterien, die im Guide Michelin vertreten sind. In Brügge wird auch mit Schokolade gekocht. In einem besonderen Rahmen, nämlich beim jährlichen Event „Choc'in Brügge". Aus diesem Anlass kombinieren die Maîtres der Restaurants in ihren besonderen

Die Altstadt von Brügge: Weltkulturerbe in wunderschöner Harmonie

Gerichten und Menüs ausgewählte Produkte mit den Aromen und Konsistenzen der Schokolade. Im Choco-Story, dem Schokoladenmuseum, gibt es dann einen Schokoladenlunch und Workshops.

Bier- und Schokoladenmenüs

Im „Den Dyver" bringt der junge Achim Vandenbussche seine Biermenüs zur Geltung. Das stilvolle Restaurant im flämischen Stil am Dijver 5 ist eigentlich bekannt für seine Menüs, bei denen jeder Gang von einem typischen Bier begleitet wird. Sein Schokoladenmenü zum „Choc'in Brügge" überrascht den Genießer dann mit Kreationen wie auf Kakaobohnen geräuchertem Hirschfilet und in Kakao gebratenem Fasan mit Milchschokolade aus dem pazifischen Vanuatu.

Aus der Hochgastronomie kommt auch Bart Desmidt, ein Newcomer unter den Chocolatiers. Er betreibt sein Sternerestaurant „Bartholomeus" in Knokke und an der Sint Amandstraat 39 in Brügge einen Schokoladenladen. „BbyB" nennt er seinen Store, Abkürzung für „Babelutte by Bartholomeus". Babelutte ist ein Karamell, das in den Produkten Desmidts in verschiedensten Ausprägungen als Zutat verwendet wird.

Wer nach so viel Naschwerk Lust auf Herzhaftes verspürt, wird in Brügge bestens fündig. Denn Brügge ist

Voller Design und Geschmack sind die kreativ gestylten Boutiquen der Chocolatiers in Brügge wie hier bei „BbyB". Der Versuchung sind kaum Grenzen gesetzt.

auch eine Bierstadt, in der deftige Kost auf den Tisch kommt und die ausgiebig genussvolle burgundische Lebensart zelebriert wird. Ein Bier im „Gambrinus" (400 Biersorten, in der Philipstockstraat) ist flämischer Lifestyle pur. Zum Beispiel das sehr schmackhafte blonde Omer Bier, das zum Weltmeister der Biere 2010 gekürt wurde, oder das Brügger Zot aus der Stadtbrauerei „De Halve Maan", die einen Besuch lohnt. Auf die Tische des Gambrinus kommen natürlich auch mit Biersoßen verfeinerte, köstliche regionaltypische Gerichte wie Salat mit Ziegenkäse und Speck mit Himbeerbier-Vinaigrette oder der flämische Gulasch (Carbonnade) mit sämiger, würziger Biersoße. Eine elegante, direkt an einer Gracht (Molenmeers 11) gelegene Terrasse bietet das „The Sixties" im Hotel „Relais Ravestein".

ORIGINELL: PALAST DES BURGUNDERHERZOGS

Brügges Altstadt gleicht einem Open-Air-Museum und steht auf der Liste des Unesco-Weltkulturerbes. Die seichten Kanäle, die schmucken Häuser, kunstvolle Fassaden, mit Kunstwerken reichlich bestückte Kirchen (u.a. Michelangelos „Maria mit dem Kinde“) und idyllische Flecken wirken wie aus einer anderen Zeit.

Eine Zeit, in der die Herzöge von Burgund hier lebten. Das beeindruckendste Erbe aus dieser Epoche ist das ehemalige burgundische Schloss aus dem 15. Jahrhundert, das sich mitten im Stadtkern, am Prinsenhof erhebt. Es wurde 2008 aufwendig und mit viel Liebe zum Detail renoviert, so dass die Geschichte mit Originalgemälden und restaurierten Ornamenten, Schnitzereien und Stuckaturen lebendig bleibt.

Top-Hotel in einem der schönsten und geschichtsträchtigsten Gebäude der Stadt am Prinsenhof

Heute beherbergt es das mehrmals als führendes Luxus City Hotel Belgiens ausgezeichnete Kempinski Dukes' Palace. Ein erlesenes Haus an exponierter Stelle, das durch seinen exzellenten persönlichen Service ebenso brilliert wie durch die wunderschöne Architektur. Das in diesen altehrwürdigen Gemäuern entstandene Hotel vereint die jahrhundertealte Geschichte des ehemaligen Herzogsitzes mit elegant-zeitlosem Ambiente und modernster Technik. 1429 im Auftrag des Burgunderherzogs Philipp III. (Philipp der Gute) anlässlich seiner Hochzeit mit Isabelle von Portugal erbaut, entwickelte sich der Prinsenhof zum politischen, wirtschaftlichen und kulturellen Zentrum der Burgunderherzöge und erhielt sogar königlichen Status. Das heutige Hotel verfügt über 93 exklusiv eingerichtete Zimmer, darunter sechs zum Teil im Original erhaltene Suiten als Erinnerung an die bewegte Vergangenheit des Schlosses.

i www.kempinski.com/de/bruges

2.3. Antwerpen

Stadt der Märkte

Die atemberaubende Architektur des Grote Markt mit den Giebelhäuserreihen und dem mächtigen Rathaus breitet sich vor dem Besucher aus. Alles überragend steht dahinter der 123 m hohe Turm der restaurierten, an Kunstwerken reichen gotischen Liebfrauenkathedrale, deren Kirchturmuhr auf der Puderzucker-Spitze goldgelb wie die Sonne glänzt.

Vor der prächtigen Szenerie des Grote Markt und der Kathedrale wird die Blütezeit des 17. Jahrhunderts gefeiert. In der Mitte steht das Denkmal von Brabo, dem „Handwerfer". Dieser kleine Held war ein Schiffer, der mit seiner Ladung über die Schelde schipperte. Er wollte durch Antwerpen fahren, aber ein Riese hielt alle Schiffe auf und forderte Zoll, dann würde er sie passieren lassen. Der kleine Brabo fing Streit an, hackte dem Riesen die Hand ab und warf sie in den Fluss. Diese Legende erklärt auf ihre Weise, woher der Name Antwerpen kommen könnte, nämlich von „Hand werfen".

In der Mitte das Denkmal des „Handwerfers"

Der Rubensmarkt

Der jährliche Rubensmarkt, der immer am 15. August (Maria Himmelfahrt) auf dem Grote Markt und in den umliegenden Straßen,Gassen und Nebenplätzen stattfindet, ist etwas Besonderes. An den festlich dekorierten Ständen weist eine große Plakette mit dem Rubenskonterfei auf das Thema des Marktes hin. Die Händlerinnen und Händler sind in den Trachten des 17. Jahrhundert gekleidet. Es gibt nicht nur Trödel und Antiquitäten, sondern auch Kunst und viele Geschenkartikel, Blumen und regionale Produkte zu erwerben. Die Atmosphäre des 17. Jahrhunderts soll spürbar werden, was angesichts der originellen Kostüme und der Kulisse nicht schwerfällt.

In den Cafés und Restaurants ringsum ist schon am Vormittag eine Menge los. Die Besucher genießen die Atmosphäre, den Blick auf die historischen Gebäude und das quirlige Marktgeschehen oder ruhen sich von einem Rundgang über den rappelvollen Markt aus. Die Eckkneipe „Den Engel" ist eine Institution am Grote Markt. Hier schmeckt zum einen das originale Antwerpener „De Koninck"-Bier gut. Zum anderen trifft man Einheimische wie Besucher zum geselligen Plausch und stößt mit den typischen bauchi-

Mit Federhut, Samtjacke, Kniehose und Schnallenschuhen bekleidet, bietet ein Händler am Platz vor der Kathedrale seine Waren an.

Schaut fast von jedem Stand auf die Besucher: das Porträt von Rubens auf einer Art Münzemblem.

gen Gläsern, den „Bollekes“, an. Das Pendant zum „Den Engel“, das Café „Den Bengel“ liegt gleich nebenan.

Märkte in Antwerpen

Rubensmarkt
Grote Markt und umliegende Straßen: Am 15. August jeden Jahres

Bollekefeest und Antwerpen Proeft: Vlaamse- und Waalsekaai, Leopold de Waelplaats:
Ein kulinarisches Fest der Sinne, ein Dorf der Genüsse. Gaumenschmaus nach Art der Antwerpener „Sinjoren“.
www.bollekesfeest.be
www.antwerpenproeft.be
Im August

Vrijdagmarkt
Versteigerung von altem Hausrat
Freitags von 9 bis 13 Uhr

Exotischer Markt
Theaterplein, Samstags von 8 bis 16 Uhr

Vogelmarkt
Theaterplein
Sonntags von 8 bis 13 Uhr

Antiquitätenmarkt
Lijnwaadmarkt: samstags von 9 bis 17 Uhr
Sint-Jansvliet: sonntags von 9 bis 17 Uhr

Markt van Morgen
Kloosterstraat
Brausende Veranstaltung mit einem großen Angebot an einzigartigen handgemachten Qualitätsprodukten zu bezahlbaren Preisen. Tolles Rahmenprogramm
www.marktvanmorgen.be

Bücherdorf Lillo
Büchermarkt im malerischen Hafendorf Lillo
www.lilloboekendorp.be

Fiesta Europa
Groenplaats
Markt mit typischen Produkten aus ganz Europa
www.fiestaeuropa.eu

Bollekefeest

Lambertmontmartre

Lambertmontmartre
Leopold de Waelplaats
Straßenmarkt für Maler und Zeichner à la Montmartre
www.lambermontmartre.be

i www.stadsfeestzaal.com
www.paleisopdemeir.be
www.cafe-imperial.be
www.thechocolateline.be
www.defoyer.be

Antwerpen Tourismus & Kongress
Grote Markt 13
2000 Antwerpen
Tel.: +32 (0)3 232 01 03
www.antwerpen.be/visit
oder
Tourismus Flandern-Brüssel
Cäcilienstraße 46
50667 Köln
Tel.: 0221 270 97 70
www.flandern.com

RUBENS UND ANTWERPEN

Rubens war Europäer aus tiefster Überzeugung. Und nie zuvor wurden die malerischen Traditionen Nord- und Südeuropas auf so vollkommene Weise miteinander verknüpft wie durch seinen Pinselstrich. Der Reichtum und die Qualität seines Werkes, aber auch seine Genialität und seine Persönlichkeit haben von ihrer Anziehungskraft nichts verloren. Nichts scheint natürlicher, als Antwerpen und Rubens in einem

Das Rubensdenkmal am Groenplaats vor der Silhouette der Kathedrale

Atemzug zu nennen. Nicht nur, dass Rubens sich die längste Zeit seines Lebens in Antwerpen aufhielt; er leistete auch einen entscheidenden Beitrag zur strahlenden „Nachblüte“ der vom wirtschaftlichen Untergang bedrohten Stadt. Religionskriege und die Wiedereroberung der Südlichen Niederlande durch das katholische Spanien führten 1585 zur Schließung der Schelde für die Schifffahrt und zum Ende des „Goldenen Jahrhunderts“. Der Meister des flämischen Barocks verwandelte das Ende in einen Neuanfang.

Da er nicht nur als Maler, sondern auch als Diplomat, Illustrator, Architekt, Sammler und Lehrer wirkte, hinterließ er bleibende Spuren in Antwerpen. Noch heute sonnt sich Antwerpen im Glanz seines Genies. Nur in wenigen Kirchen gibt es kein Rubensgemälde. Und die großen Museen sind stolz auf die unsterblichen Werke von seiner Hand.

Rubens-Spaziergänge

Geführte Spaziergänge versetzen jeden in die Lage, den Reichtum an Kunstschätzen, den der Maler in Antwerpen hinterließ, zu entdecken oder wiederzuentdecken.

Rubens ist vor allem als Maler von Altarbildern bekannt, deren religiöse Symbolik uns heute eher rätselhaft ist. Auch seine Darstellungen üppiger Frauen zeugen von einem Frauenbild, das nicht gerade unserem heutigen Ideal entspricht.

Rubens erscheint unseren von der Fotografie geprägten Augen altmodisch und überholt, sein Stil zu überschwänglich und farbenfroh. Durch den intelligenten Einsatz seiner Kreativität ist es Rubens gelungen, ein Universum zu schaffen, das die Wirklichkeit und jede Zeitgebundenheit übersteigt und somit für das 17. Jahrhundert ebenso relevant ist wie für die Gegenwart.

CITY-TRIP ANTWERPEN: EIN ERLEBNIS, SCHÖN WIE EIN GESCHLIFFENER DIAMANT

Antwerpen wird auch die „Sinjorenstadt" genannt, nach ihren Bürgern und Stadtvätern, den Sinjoren, die als Kunstliebhaber und Meister des guten Lebens ein Herrendasein führten. Als Wirtschaftsmetropole, Kunst- und Kulturstadt par excellence war sie ganz nach dem Geschmack der Kunst- und Geisteselite des 16.-18. Jahrhunderts. Rubens, Van Dyck und Jordaens lebten und wirkten hier. Ganze Viertel und Plätze brillieren wie Diamanten. Direkt neben dem Veemarkt führt der Weg zu einem Muss jedes Antwerpenbesuchs, der Sint Paulus-Kirche, die mit üppigen Kunstwerken, den 15 Geheimnissen des Rosenkranzes, Holzschnitzereien von Weltruf und bedeutenden Gemälden von Meistern des 17. Jahrhunderts (u. a. Rubens) beeindruckt. Neben dem Grote Markt ist der Groenplaats zum zentralen Verweilort in der Altstadt geworden. Die opulenten Aussichten auf die architektonischen Meisterwerke und die Streifzüge durch historische Viertel verlangen nach verdienten Pausen. Gerade richtig dafür sind die vielen urigen Kneipen und Cafés in den Gässchen der Altstadt, auf dem

Shopping in gediegener Pracht – dafür steht Antwerpen, wie hier der Stadsfeestzaal.

Grote Markt oder dem Groenplaats. „Bruine Cafés“ sind ein typisch belgisches Phänomen und gehören zur Stadt wie der Hafen. In den Pinten haben die gemütlichen Schwätzchen beim Bier schon Kultstatus. Den hat auch das „Elfde Gebod“. In den Schatten der Liebfrauenkathedrale geduckt, verströmt diese Traditionskneipe, vollgestopft mit sakralem Interieur und hunderten Heiligenfiguren, eine atmosphärische Extraklasse. Im Beichtstuhl darf man ohne Sünde belgische Biere genießen. Das Theater, die „Bourlaschouwburg“ am Komedieplaats, das auf seiner Beletage die Brasserie „De Foyer" beherbergt, wurde 1827 vom damaligen Stadtbaumeister Pierre Bruno Bourla (1783-1866) entworfen. Es zeigt spätklassizistische Architektur. De Foyer ist stilvoll, hat hohe Fenster, samtrote Vorhänge, Kronleuchter und Deckenverzierungen. Die Kellner in schwarz-weiß erinnern an eine Pariser Brasserie. Ein Geheimtipp und gastlicher Ort des Wohlfühlens, ob zum Lunch, Brunch, zur Tea-Time oder zum Aperitif. Hier gibt es auch kleine regionale Gerichte, typisch belgisches Bier sowie Kaffee und Kuchen.

Von Kathedrale zu Kathedrale

Von der Liebfrauenkathedrale über Meir und De Keyserlei bis zum Bahnhof verläuft die Flaniermeile Antwerpens. Der Bahnhof von Antwerpen wird auch „Eisenbahnkathedrale“ genannt und ist von der amerikanischen Newsweek 2009 zum viertschönsten Bahnhof der Welt gekürt worden. Bereits im 16. Jahrhundert wurde Antwerpen „triomfelycke coopstad“ (triumphierende Kaufstadt) genannt. Auch heute ist sie ein Shopping-Eldorado. Sie hat viele Couturiers und Designer hervorgebracht, ihnen sind viele renommierte Modelabels und Luxusartikelhersteller gefolgt und haben sich hier niedergelassen.

Antwerpen ist eine quirlige und vielseitige Metropole, witzigen Second-Hand- und Vintage-Läden koexistieren mit edlen Antiquitäten- und Dekorationsgeschäften.

Das Geschäftszentrum mit der bekanntesten Shoppingmeile Antwerpens, der Meir, beginnt kaum wenige hundert Meter von der Kathedrale über den Groenplaats hinweg. Sie ist gesäumt von majestätischen Fassaden aus dem 18. und 19. Jahrhundert, hinter denen sich auch die großen Oberbekleidungsmarken mit einer Filiale eingerichtet haben. Wo man hinschaut, Kunst, Skulpturen und Statuen auf Plätzen, Giebeln und mitten in der Fußgängerzone und ihren Nebensträßchen. Etwa in der Mitte der Meir gelangt man auf die „Wapper“ und wenn man den Eintritt in eines der charmantesten Bauwerke Antwerpens – das Rubenshaus – entrichtet hat, ist man in eine vergangene Welt eingetreten. Hier lebte und arbeitete der berühmteste

Einwohner der Stadt. In seinen Werken, der Einrichtung und den Arbeitsräumen wird das 17. Jahrhundert wieder lebendig. Am Ende der Wapper erreicht man das noble Viertel der Kunst- und Antiquitätenhändler um die Leopoldstraat und den Graanmarkt. Shopping mit Stil für betuchte Leute. Zum Stöbern in Antiquitätenlädchen nach Büchern und Stichen sowie allerlei Kuriosem ist die Hoogstraat und die Kloosterstraat zu empfehlen, für ausgiebiges und elegantes Shopping die Schuttershofstraat.

Königliche Paläste

Zu den prunkvollsten Gebäuden an der Meir gehört der Stadsfeestzaal, ein klassizistisches Juwel des Architekten Alexis Van Mechelen, das 1908 eingeweiht wurde. Fast ein Jahrhundert lang fanden dort Bälle, Ausstellungen und Veranstaltungen statt. Bei der Renovierung 2004 wurden die Marmortreppen, das Parkett, die Mosaiken und Stuckarbeiten wiederhergestellt. Das so entstandene luxuriöse Einkaufszentrum bietet rund vierzig Geschäften Platz. Imposant sind die Balkone, Etagen und Galerien unter dem Glasdach sowie die „schwebende“ Champagnerbar.

Nicht minder erlebenswert ist das neueste Prunkstück auf der Meir, der Paleis op de Meir, ein Stadtpalais von majestätischer Würde, denn hier wirkten Napoleon, die belgischen Könige und die Prinzen von Ora-

Im Paleis op de Meir finden Feinschmecker und Schokoladenfans ein Refugium im Empirestil. Hier kann man auch im Innenhof wunderschön sitzen und genießen.

nien. Es wurde 1745 unter der Leitung des Architekten J.P. van Baurscheit erbaut. Dieser integrierte französische, Wiener und nordniederländische Elemente in seinen Entwurf. 1811–1812 wurde das Palais im Empirestilstil von Napoleon neu eingerichtet. Nach 1830 diente es als Gästehaus der belgischen Könige. Seit 2010 erstrahlt das Palais wieder im alten Glanz, deutlich sichtbar am „Café Impérial“, einer Luxusbrasserie mit stilvollem Mobiliar, marmorverkleidetem Kamin, großen Wandspiegeln und Kronleuchtern. Hier verweilen die Antwerpener zum Lunch, Afternoon-Tea oder Dinner. Das zweite Schmuckstück ist der Spiegelsaal, der von König Leopold II. 1905 in Auftrag gegeben wurde. Dominique Persoone, der mit seinem Chocolate-Line-Konzept für Furore sorgt (u.a. Schokoladenschnupftabak und Schoko-Lippenstift), ist einer von Belgiens illustren Chocolatiers. Seine Dependance in Antwerpen findet im Palais an der Meir einen würdigen Rahmen. In den ehemaligen Privatgemächern Napoleons (Schlafzimmer und Salons) wurde unter Bewahrung des edlen Interieurs das Chocolate Line Geschäft eingerichtet. Bemerkenswert sind die Wandverzierungen und Gemälde sowie der von Fabienne Persoone entworfene Verkaufstresen in Form von Schokoladenstücken. Die hier angebotenen Kreationen verblüffen mit Ideen- und Gestaltungsreichtum. Im hinteren Bereich des Geschäfts kann man bei der Schokoladenherstellung zusehen.

The girls best friends

Die Meir geht in die De Keyserlei über, die mit ihren vielen Restaurants und Cafés auftrumpft. Hier, im neuen Stadtzentrum aus dem 19. Jahrhundert begegnen dem Besucher in den Straßen um den Hauptbahnhof häufig Menschen in schwarzer Kleidung, mit langen Bärten und typischen Kopfbedeckungen. Das jüdische Viertel Antwerpens ist zugleich Teil des Weltzentrums für Diamanten. Reihenweise Geschäfte mit funkelnden Auslagen lassen erahnen, welche Schätze täglich in der Diamantenmetropole den Besitzer wechseln (Vestingstraat, Rijfstraat, Hoveniersstraat, Schupstraat). Das in eklektizistischem Stil entworfene Bahnhofsgebäude ist in Europa wohl einmalig und ein Besuch lohnt sich unbedingt. Die Kuppel, Marmorsäulen und Freitreppen machen es zu einem Prunkstück der Stadt.

Einer der prachtvollsten Bahnhöfe in Europa, Antwerpens „Bahnhofskathedrale" nahe dem Diamantenviertel

ORIGINELL: TYPISCHE ANTWERPENER KNEIPEN

Den Engel
Grote Markt 3
2000 Antwerpen
Tel.: +32 (0)3 233 12 52
Typische Kneipe am Grote Markt

Quinten Matsijs
Moriaanstraat 17
2000 Antwerpen
Tel.: +32 (0)3 225 01 70
Typischer Pub, ältester Pub in Antwerpen

De Muze
Melkmarkt 15
2000 Antwerpen
Tel.: +32 (0)3 226 01 26
Jazz-Pub, Livemusik

Hopper
Leopold de Waelstraat 2
2000 Antwerpen
Tel.: +32 (0)3 248 49 33
www.hopperjazz.org
Jazz-Pub, Livemusik

Café Kulminator
Vleminckveld 32-34
2000 Antwerpen
Tel.: +32 (0)3 232 45 38
550 verschiedene Biere, für jedes Bier gibt es ein spezielles Glas.

Romantische Gasse zum Antwerpener Klassiker „De Vagant“

Bier Central
De Keyserlei 25
2018 Antwerpen
Tel.: +32 (0)3 201 59 85
www.biercentral.be
Über 300 verschiedene Flaschenbiere und 20 Biere vom Fass

't Elfde Gebod

De Vagant
Reyndersstraat 25
2000 Antwerpen
Tel.: +32 (0)3 233 15 38
www.devagant.be
Szene-Café, mit über 200 verschiedenen Sorten Genever eine Institution; einfach, aber mit viel Atmosphäre. Hier gibt es auch De Koninck-Bier, dazu ein Genever – fertig ist das flämische „Herrengedeck".

't Elfde Gebod
Torfbrug 10
2000 Antwerpen
Tel.: +32 (0)3 289 12 40
Szene-Café im Schatten der Kathedrale, über und über mit Heiligenstatuen dekoriert.

2.4. Belgische Küste

Ostende – Genussreich am Meer

Der Fischmarkt „Vistrap"

Die Speisenkarten zu studieren, gehört in Ostende zu den Gepflogenheiten. Mal stehen sie auf einfachen Schiefertafeln, mal sind sie in formschönen Schaukästen ausgehängt. Der Duft von feinen Fischgerichten, dampfenden Muscheln und mediterranen Aromen weht dem Flaneur bei frischer Seeluft in die Nase.

Als kleine Stärkung zwischendurch bietet sich belgisches Fingerfood in Form von erstklassigen Matjes oder Ostender Krabben an, etwa bei Fischverkäuferin Nancy an der Vistrap, dem bekannten Fischmarkt. Hier können sich Einheimische, Ferienhausurlauber oder Camper mit fangfrischem Fisch versorgen. Seezungen, Seeteufel und andere Edelfische gibt es in hervorragender Qualität auch in den Fischgeschäften in der Innenstadt und natürlich in den Restaurants.

Der Fischmarkt in Ostende, de Vistrap, ist ein Klassiker, wie man ihn nur noch selten findet. Von Krabben bis Edelfisch bieten die täglich frischen Auslagen Feinstes aus dem Meer. Hier gibt es auch noch „erschwingliche" Seezungen zu kaufen.

CITY-TRIP OSTENDE

Wenn das Wetter nicht mitspielt, braucht man in Ostende keine Sorge zu haben. Interessante Erkundungen für Landratten zum Leben auf hoher See verspricht das Museumsschiff Mercator. Ein echter Blickfang inmitten der Jachten im Hafen ist der 78 Meter lange, stolze Dreimaster, der bis 1960 als Marineschulschiff diente. Kunstliebhaber sollten um das James Ensor-Haus keinen Bogen machen. In der unangetasteten Inneneinrichtung empfindet man das Leben des Ostender Malers und Zeichners (1860-1949) nach. Der ließ sich im altehrwürdigen Hutgeschäft Jacqueloot in der Wittenonnenstraat 29a seine Kopfbedeckungen anfertigen. Ostendes Shoppingmeilen warten mit einer ganzen Reihe solch besonderer Geschäfte auf. Dazu Mode und stylische Boutiquen sowie die rhythmisch wummernde Kneipen- und Musikszene im Ausgehviertel um die Langestraat.

Bei Fischverkäuferin Nancy schmecken die Nordseegarnelen besonders gut. Wer sie nicht selber entschalen will, kann sie auch bereits „gepuhlt" kaufen; eine Delikatesse, die auch in den berühmten „Garnelenkroketten" verwendet wird.

Ostende, das traditionsreiche Seebad, hat sich merklich aufgefrischt. Der prestigeträchtige Kursaal, die Innenstadt und der Zeedijk wurden umfassend modernisiert und das etwas verstaubte Image aufpoliert. Sie ist die einzige echte Stadt (rund 70.000 Einwohner) hier oben am Meer. Ein Spaziergang am Seedeich entlang, über die Albert 1er Promenade führt an den langgezogenen, sehr sauberen Stränden mit ihren weißen Kabinen entlang, den bunten Reihen von Sonnenliegen und -schirmen, die jeweils von einem Windschutz getrennt sind. In den königlichen Arkaden liegt das Bistro Paddock (www.thermaepalace.be), eine sehr schöne Brasserie mit Sonnenterasse, in der man in originellem Ambiente gut essen kann. Auf der Uferpromenade liegt Restaurant an Restaurant und Café an Café: eine wahre Versuchung. Viel Platz ist am Casino-Kursaal-Komplex, am Ende erreicht man das Hafenbecken und den berühmten, jetzt neu gestalteten Visserkai, von dem aus man den Blick weit übers Meer schweifen lassen kann. Riesige Fähren gleiten hinaus ins offene Meer, Besucher schlendern am Kai entlang oder, an der Phalanx der Fischrestaurants (rund 40 an der Zahl) auf der anderen Seite vorbei, für die Feinschmecker extra hierher reisen. Schließlich gelangt man wieder zur „Vistrap“, einem der wenigen noch existierenden echten Fischmärkten an der Nordsee.

Am Visserkai flaniert das Publikum gerne, während gleich gegenüber Schiffe an- und ablegen. In der Phalanx der Restaurants auf der anderen Seite des Kais fühlen sich Liebhaber von Fischgerichten und Meerestieren äußerst wohl.

Tipp ***Nieuwpoort:*** Eine weitere Hochburg für Fischliebhaber mit einigen empfehlenswerten Fischrestaurants ist das touristisch mächtig aufstrebende Nieuwpoort mit seinem neuen Fischereihafenkai, der sich vor allem abends in eine romantische Restaurantmeile vom Feinsten und mit viel Atmosphäre verwandelt.

Ausflugstipps

- ***Mit der Tram an der Familienküste entlang:*** Nicht nur Wasser, Dünen und Freizeitspaß sind an Flanderns Stränden Trumpf, sondern auch Gastronomie, Lebensart und Architektur. Die Kusttram verbindet all das. Gerade einmal knapp 70 Kilometer sind es vom westlichen Ende in De Panne bis nach Knokke-Heist im Osten. Mit der Kusttram, der Küstenbahn, lässt es sich bequem und schnell von Strand zu Strand und von Sehenswürdigkeit zu Sehenswürdigkeit in den insgesamt 13 Badeorten fahren. „Sie gilt als längste Überlandstraßenbahn der Welt und fährt je nach Tages- und Jahreszeit, unermüdlich im 10- oder 20-Minuten-Takt. Und das mit Meerblick", betont Dirk Marteel vom westflämischen Tourismusverband. An den Orten, wo es gefällt, steigt man aus und mit einer der nächsten Trams geht es dann weiter.

Mit der Kusttram kann man Ausflüge machen und auch zum Einkaufen in die Küstenorte fahren.

Das Familienbad De Haan im Belle-Époque-Stil bietet Meer und Strand mit Flair.

Kinder und Familien sind hier König. Zum Beispiel im Plopsaland De Panne, einem der größten Freizeit- und Fantasyparks des Landes mit 40 Attraktionen für jede Wetterlage (www.plopsa.be).

• ***Belle Époque in den Dünen:*** De Haan, unweit von Ostende, ist der Charmeur an der belgischen Küste. Ein Badeort für Familienurlaub par excellence. Markant sind die Wohnviertel im Stil der Belle Époque, die bis an die Dünen reichen. Rote Dächer, weiße Fassaden, Fachwerkgiebel und Villenarchitektur beglücken das Auge. Ein Städtchen wie ein Museum, nur viel lebendiger, zumindest im Sommer, mit einigen schönen Hotels und beliebten Ferienanlagen. Ruhe und Erholung stehen ganz oben auf der Wunschliste der Urlauber. Ein buntes Nachtleben sucht man hier vergeblich. Die Dünen und die Promenade dagegen sind unangefochten die Lieblinge der Besucher. Hier ist der Blick nicht verbaut wie fast überall sonst in den belgischen Badeorten. Die Kusttram hält in De Haan an der nostalgischen Tramstation im Stil der Belle Époque, das einem kleinen Schmuckstück gleicht. Von hier aus braucht man gerade mal gut zehn Minuten bis zum Seedeich und der Meeresbrandung.

• ***Mondäne Seiten:*** Etwas anders ist Knokke-Heist. Das Seebad mit der mondänsten Seite liegt unweit der niederländischen Grenze. Im Stadtteil Het Zoute ist

Luxus und feine Lebensart pur angesagt, das ganze Jahr über. In der Saison verwandelt Knokke-Heist sich zur Badewanne der Bourgeoisie, eine Strandbar reiht sich neben die andere. Knokke hat Stil, das renommierte Casino ist mit Kunstwerken (u.a. Magritte, Delvaux) dekoriert und mit einem riesigen Kronleuchter ausgestattet. Knokke verfügt über einen, kilometerlangen Strand und den daran entlang laufenden Zeedijk, der zum stundenlangen Flanieren einlädt. Die fünf Strandabschnitte heißen Heist, Duinbergen, Alberstrand, Knokke und Het Zoute. Wer mit der Kusttram nach Knokke fährt, kann von der Tramstation über die Lippenslaan mit den vielen Boutiquen, Geschäften und Restaurants direkt ins Zentrum, bis auf die Kustlaan spazieren.

Hier schlägt das Herz von Zoute: Noble Marken, Schick und Charme, Galerien. Hotel- und Restaurantterrassen sind Schlemmerbühnen. Man sieht die nobelsten und angesagtesten Outfits, die edelsten Gefährte, hochkarätige Kunstgalerien (über 50) und große Modelabels. Die Lippenslaan kreuzt die Elisabethlaan. Dieser prachtvolle Boulevard steht wie kein anderer für das Lebensgefühl in Knokke. Weiß getünchte Villen und Herrenhäuser mit roten Ziegeldächern in Grünanlagen, Parks, Komforthotels und Art

Knokke ist ein „Place to be" mit südländischem Lebensgefühl, sehr mondän und angesagt: Lifestyle am Meer auf höchstem Niveau.

Mediterranes Flair im luxuriösesten Seebad Belgiens

de Vivre. Die Elisabethlaan führt von Heist bis nach Zoute. Von ihr geht die Zoutelaan ab. Sie führt in ein Viertel mit wunderschönen Häusern auf parkähnlichen Grundstücken, die eine Augenweide sind.

Die Zoutelaan zieht sich bis an den Golfplatz in Het Zoute am Ortsrand hin. Am Ende von Het Zoute erstreckt sich der Naturpark De Zwinduinen en Polders mit dem einzigartigen Vogelnaturpark Het Zwin in die Dünen hinein bis ans Meer.

i Toerisme Oostende VZW
Monacoplein 2
8400 Oostende
Tel.: +32 (0)59 70 11 99
www.visitoostende.be

De Haan – Centrum
Tramlijn-Oost z/n
8420 De Haan
Tel: + 32 59 24 21 34
www.visitdehaan.be

Toerisme Knokke-Heist
Zeedijk-Knokke, 660
8300 Knokke-Heist
Tel.: +32 (0) 50/63.03.80
www.knokke-heist.info

Dienst voor Toerisme
Nieuwpoort VZW
(Nieuwpoort)
Marktplein 7
8620 Nieuwpoort
Tel.: 32 (0) 58 22 44 44
www.nieuwpoort.be

St.-Rombouts-Belfried am Mechelener Marktplatz

Die Städte mit den schönsten Marktplätzen in Belgien

2.5. Gent

Inselstadt der geselligen Plätze

Die Stadt Gent ist eine besondere Blüte unter den flämischen Kunst- und Kulturstädten. Ihr „3 Michelin Sterne“-Szenario mit den alten Häusern, Kirchen und prachtvollen Fassaden sorgt für ein unvergleichliches Lebensgefühl, vor allem auch wegen ihrer Grachten. Gent erkundet man, ähnlich wie Brügge, am besten auf dem Wasserweg. Ein Labyrinth von Grachten und Kanälen durchzieht die Inselstadt an der Leie. An der Graslei, dem Kaiufer der Leie, inmitten der Altstadt, stehen die, architektonisch schönsten Gebäude mit den typischen Giebelkonstruktionen aus dem 12. bis 17. Jahrhundert und bieten eine der vielen Bilderbuchansichten in dieser Stadt. Ein weiterer Meilenstein flämischer Architektur sind der Belfried (91 m) und die Tuchhalle. Das Top-Ziel eines Gent-Besuchs ist der Genter Dom, die St. Baafs-Kathedrale. Diese Kirche wartet mit meisterhaften Kunstwerken auf, allen voran ist der Genter Altar (1420-1432) der

An der Graslei relaxt nicht nur die Jugend. Gent ist zwar alt, aber nicht verstaubt, im Gegenteil, es ist eine gesellige Stadt mit jungem Publikum, das sich in der mittelalterlichen Atmosphäre sichtlich wohl fühlt.

Brüder Hubert und Jan van Eyck zu nennen, der in der 11. Kapelle des Doms steht. Die anderen 24 Kapellen sind ebenfalls mit Kunstwerken ausgestattet, so zeigt zum Beispiel die 15., die Rubenskapelle, das eindrucksvolle Gemälde „Sankt Bavos Eintritt ins Kloster" (1624).

Wie in einem Ritterfilm überragt das düstere Bollwerk der Wasserburg Gravensteen an der Sint Veerleplein 11 die Kulisse Gents. Die mittelalterlich Grafenburg, der Sitz der Grafen von Flandern, stammt aus dem 12. Jahrhundert. Während der berühmten „Genter Feste" jedes Jahr im Juli erinnern 50 barfüßige Bürger in weißem Leinen und mit einem Strick um den Hals an eine Bestrafung der Genter durch Kaiser Karl V. Während der Feste verwandelt sich das historische Herz Gents in eine Bühne für Weltmusik, Theater, Puppenspiel und Kabarett. Das kulinarische Zentrum Gents mit der

Bootstour auf den Genter Kanälen

größten Café- und Restaurantdichte liegt am Patershol. Das gesellige Leben zieht sich durch die ganze Stadt, über die Terrassen und Plätze, eingerahmt von der einzigartigen Genter Kulisse mit Kirchen, Türmen und Giebelhäusern.

MÄRKTE IN GENT

Blumenmarkt
Kouter
Täglich von 7 bis 13 Uhr (kleiner Markt, montags bis samstags, großer Markt sonntags), gelegentlich mit Live-Musikprogramm.

Bio- und Gemüsemarkt
Groentenmarkt
Freitags von 7.30 bis 13 Uhr

Wochenmarkt
Edmond van Beverenplein
Sonntags von 7.30 bis 13 Uhr

Markt auf dem Vrijdagmarkt
Markt auf dem Hauptplatz der Stadt, umsäumt von Cafés und Restaurants in wunderschönen Gildehäusern. Freitags von 7.30 bis 13 Uhr und samtags von 11 bis 18.30 Uhr.

Antik, Brocante, Curiosa und Second Hand
Sint-Jacobs und Beverhoutplein
Freitags, samstags und sonntags, von 8 bis 13 Uhr
Sehr populär, schönes und angenehmes Ambiente.

ORIGINELL

Die historische Zuckerbäckerei Temmerman an der Kraanlei 79. Hier werden Genter Spezialitäten angeboten: Gentse Mokken (Teegebäck), Cuberdons (kegelförmige Gummibonbons) und Wippers, in Puderzucker gewälzte Karamellbonbons.

www.brocantmarkt-sintjacobs-gent.be/indexger.html

Lebensmittelproduktemarkt
Sint-Michielsplein, sonntags von 7.30 bis 13 Uhr.

Ambachtenmarkt (Künstlermarkt)
Groentenmarkt, samstags, sonntags und an Feiertagen von 10 bis 18 Uhr, 1.4. bis 30.9.

Places to go
't Vosken
In-Café der Genter und Treffpunkt zum Essen und Trinken
Zwischen St.-Baafs-Kathedrale und dem Belfried gelegen. Dekoriert mit Zeichnungen nach Fabelmotiven. Gute Küche, Spezialität: Gulasch „flämische Art" (Carbonnades).
www.tvosken.be

Gruut
Brauhaus/Café, Grote Huidevettershoek 10. Hier wird das Gruut Bier gebraut, als Bersteinfarbenes, Blonde, Brune, Inferno oder Blanche. Großräumiges Interieur. Durch das Café plätschert ein kleiner Bach.
www.gruut.be

Keizershof
Sehr beliebt bei den Gentern. Sehr gute Küche.
Nudelgerichte und flämische Spezialitäten.
Am Vrijdagmarkt. Sehr schöne Terrasse!
www.keizershof.net

i Fremdenverkehrsamt Gent
Sint-Veerleplein 5
9000 Gent
Tel. +32 (0)9 266 56 60
www.visitgent.be

RESTAURIERUNG DES GENTER ALTARS

Dieses Meisterwerk der mittelalterlichen Malerei der Gebrüder Van Eyck ist beeindruckend in seiner Totalität, verblüffend in den Details. Es überlebte den Bildersturm, wurde von Napoleon eingefordert und von den deutschen Nationalsozialisten beschlagnahmt. Leider fehlt von der 1934 entwendeten Tafel der „Gerechten Richter" noch immer jede Spur.

Im September 2012 wurden die Restaurierungsarbeiten an dem Glanzstück „Die Verehrung des Lamm Gottes" der Gebrüder Van Eyck aufgenommen. Die intensive Restaurierung geschieht unter der fachkundigen Leitung von Anne van Grevenstein-Kruse, der emeritierten Professorin für Konservierung und Restaurierung an der Universität von Amsterdam.

Sie wird rund fünf Jahre dauern; in drei Phasen von je anderthalb Jahren. Besucher können die Restaurierungsarbeiten besichtigen. Die Restaurierung selbst geschieht in der passenden Umgebung des Museums für Schöne Künste.

Dort arbeiten vier Restaurateure ganztägig an den Tafeln. Wenn die Arbeit ruht, stehen die Tafeln möglichst nahe einer Glaswand, damit die Besucher sie bewundern können.

So werden zwei Drittel des Originals noch immer wie bisher in der St.-Bavo-Kathedrale zu sehen sein. Die fehlenden Tafeln werden dort durch Schwarz-Weiß-Reproduktionen ersetzt.

2.6. Leuven

Studentenstadt mit berühmtem Rathaus

Die Universität von Leuven wurde 1425 gegründet und ist die älteste des Landes. Das muntere Studentenleben spielt sich abends am Oude Markt ab, der längsten Theke der Stadt mit über 60 Cafés, in jeweils unterschiedlicher Stil- und Tonlage. Im Beginenhof von Leuven (Unesco-Weltkulturerbe), wo einst in dem heute perfekt restaurierten architektonischen Kleinod aus über 70 Hospitzhäusern die religiösen Frauen wohnten, hat sich ein verzweigtes System aus Studentenwohnungen etabliert. Der über 750 Jahre alte Große Beginenhof von Leuven, der ganzjährig besucht werden kann, gehört zu den schönsten seiner Art. Die Gassen sind von Bäumen gesäumt und durch den zentralen Hof fließen zwei Seitenarme der Dijle. Wunderschön anzusehen sind die flämischen Treppengiebel der eher niedrigen Einzel- und Gemeinschaftshäuser aus Sand- und Backstein mit Fensterkreuzen und gotischen Ornamenten. Sehenswert ist hier besonders die frühgotische Johannes-der-Täufer-Kirche. Natürlich schlägt auch das Herz Leuvens rund um den Grote Markt. Tuchherstellung, Pelz- und Lederhandwerk machten Leuven zwischen dem 14. und 16. Jahrhundert reich. Die Stadt lag verkehrsgünstig am Handelsweg zwischen Brügge und dem Rheinland. Nicht zufällig entstand in der Mitte des 15. Jahrhunderts unter Herzog Philipp dem Guten von Burgund das prachtvolle Rathaus, dessen Brabanter Spätgotik abends in goldenes Licht getaucht ist. Es wirkt wie ein architektonischer Reliquienschrein und ist mit seinen 300 Fassadennischen

Cafés mit Blick auf das Leuvener Rathaus

und 236 Statuen wohl eines der schönsten bürgerlichen Baudenkmäler Europas. Im Gegensatz zu den Figuren auf den Konsolen, die alle burgundische Kleidung tragen, ist jede Person in den Nischen nach der Mode der Zeit gekleidet, in der sie lebte.

Leuven ist auch eine Bierstadt. Eines der weltgrößten Brauereiimperien, InBev, ist hier ansässig, wo unter anderem das weltberühmte belgische Leffe-Abteibier gebraut wird.

i Toerisme Leuven
Naamsestraat 3
3000 Leuven
Tel.: +32 (0)16 20 30 20
www.leuven.be

Der Oude Markt, ein Eldorado des Relaxens auf den Terrassen. Um die vierzig Kneipen wie das Farao und das Café Belge sorgen dafür, dass niemand durstig nach Hause gehen muß.

2.7. DENDERMONDE

Vom Belfried erklingt das Glockenspiel, Flanderns musikalische Erkennungsmelodie, über den gemütlichen Marktplatz. Die alte Renaissance-Tuchhalle mit einer sehenswerten Gemäldesammlung und Anton van Dycks „Christus am Kreuz“ in der bedeutenden gotischen Liebfrauenkirche gehören zu den Anziehungspunkten des fast 1000-jährigen Städtchens Dendermonde, zwischen Gent und Mechelen, an den Flüssen Schelde und Dender gelegen.

Der St.-Alexius-Beginenhof, der über ein winziges Portal und schmalen Steg zu erreichen ist, bietet mit seinen 61 Wohnhäusern aus dem 17. Jahrhundert ein unvergleichliches Ensemble aus rotem Ziegel und weißem Sandstein („Speck-Stil“). Wo heute unter anderem ein Beginenhofmuseum eingerichtet ist, lebten um 1500 einmal 369 fromme, schwarz gekleidete Beginen mit den typischen großen, weißen Hauben in einer ordensähnlichen Laiengemeinschaft.

i Dienst voor Toerisme
Stadhuis/Grote Markt
9200 Dendermonde
Tel.: +32 (0)52 21 39 56

Der romantische Grote Markt in Dendermonde mit dem für flämische Verhältnisse eher zierlichen Belfried

2.8. AALST

Auch das mittelalterliche Aalst an der Dender hat einen Belfried vorzuweisen, dessen mechanisches Glockenspiel eines der ältesten ist (1461, 52 Glocken). Der Belfried diente im 15. Jahrhundert einmal als Folterkammer. Er steht neben dem ältesten Schöffenhaus Flanderns, dem Schepenhuis aus dem 15. Jahrhundert. Friedlicher betätigte sich zur gleichen Zeit Dirk Martens, der in den damals Südlichen Niederlanden die Buchdruckkunst begründete und Schriften von Thomas Morus und Erasmus von Rotterdam herausgab. In der Sint-Martins-Kirche ist die anmutige Harmonie von spätgotischem Innenleben, barocken Kunstwerken (u.a. Rubens) und prachtvoller Portalgestaltung zu erleben.

i Dienst voor Toerisme
Grote Markt 3
9300 Aalst
Tel.: +32 (0)53 73 22 70
www.aalst.be

Grote Markt in Aalst

2.9. Mechelen

Die Stadt der Mondlöscher und Glockenkonzerte – und ihr Marktplatz

„En schuurt het zand over mijn land. Mijn platte land, mijn Vlaanderland" (Es scheuert Sand über mein Land, mein flaches Land, mein Flandernland) sang der berühmte belgische Chansonnier Jacques Brel. In der Weite der flämischen Regionen liegen Flanderns Kunststädte wie Seerosenblüten, Oasen der Kunst und Kultur. Neben den großen Drei Brügge, Gent und Antwerpen sind Mechelen und Lier zwar kleiner, aber nicht minder interessant. Bereits aus etlichen Kilometern Entfernung erkennbar, ragt der mächtige Mechelener St.-Rombouts-Belfried auf. Ein monumentales, filigranes Meisterwerk der Gotik und Unesco-Weltkulturerbe, das wie ein Leuchtturmriese in der Landschaft steht. Er sollte mit 167 Metern einmal der höchste Kirchturm der Welt werden, aber aufgrund klammer Kassen mussten die Mechelener bei 97 Metern mit dem Bau aufhören. Es entstand der Turm ohne Spitze.

„Dieser Belfried ist seit jeher so faszinierend, dass wir sogar einmal den Mond löschen wollten", erzählt

Die Kulisse am Mechelener Markt zählt zu den beeindruckendsten in Flandern. Sie zieht schon von weitem die Blicke an.

Rebekka Koch vom Verkehrsamt Mechelen. An einem neblig-düsteren Winterabend, dem 27. Januar des Jahres 1687, verließen zwei Männer angeheitert ein Gasthaus am Markt und schauten entsetzt auf den rot glühenden Romboutsturm im Rauch. „Feuer, Feuer, der Turm brennt" riefen sie. Die Bewohner schleppten sofort Wassereimer auf den Belfried, um den Brand zu löschen. Doch es gab gar kein Feuer. Der rot glühende Mond und der Nebel hatten die Täuschung bewirkt. Diese peinliche Angelegenheit kam den Brüsselern und Antwerpenern zu Gehör und sie spotteten von nun an über die eifrigen „Mondlöscher" aus Mechelen. Noch heute nennt man sie die „Maneblusser". Den gleichen Namen trägt zur Freude der Einheimischen wie der Besucher eine halbmondförmige Schokoladenpraline, die als Mechelener Spezialität gilt (u.a. erhältlich in der Chocolaterie Vanderbeek am Steenweg 36).

Den Weg in den Himmel bis auf 97 Meter muss man machen. Der Rundblick vom „Skywalk" aus, der gläsernen Plattform, ist fantastisch (man sollte aber schwindelfrei sein). „Bei gutem Wetter erkennt man das silbern glänzende Atomium von Brüssel und den Hafen von Antwerpen", betont Rebekka Koch. Der Kathedralenturm hat es in sich: 538 Stufen führen hinauf, unterbrochen von sechs große Etagenräume, in

Eines der ältesten Gebäude der Stadt ist die Tuchhalle neben dem Palast. Sie gehört ebenso zum Unesco-Weltkulturerbe wie der St.-Rombouts-Belfried und der Beginenhof.

denen man auf Bänken verschnaufen und durch Glas einen Blick ins Innere der Kathedrale werfen kann. Der Höhepunkt sind Kammern für Uhrwerk, Glocken und Glockenspiel.

Frauenpower

Das Zentrum Mechelens ist der Grote Markt mit vielen schönen Giebelhäusern zu Füßen von St. Rombouts. Von der Mitte des Grote Markt aus blickt das Standbild der Margarete von Österreich auf die jahrhundertealten Gebäude.

Der Name der Landvogtin Margarete ist auf ewig mit Mechelen verbunden. Sie war die Tante und Erzieherin Kaiser Karls V. und Statthalterin der habsburgischen Niederlande. Unter ihrer Regentschaft kam die Stadt zu Beginn des 16. Jahrhunderts zu einer großen kulturellen, wirtschaftlichen und architektonischen Blüte. Der Palast im spätgotischen Flamboyant- und Renaissancestil, das heutige Rathaus, ist eines der prächtigsten Bauwerke, die in ihrem Auftrag entstanden. Direkt neben dem Rathaus stehen der unvollendete Belfried aus dem 14. Jahrhundert und die Tuchhalle (beide Unesco-Weltkulturerbe, wie auch der Beginenhof). Der Hof von Savoyen, in dem sie residierte, war der erste Renaissancebau in den alten Niederlanden. Der schöne Innenhof dieses Palais‘ ist eine grüne

Ein absolutes Erlebnis ist der fast 100 Meter hohe Turm mit Panoramaplattform, ein Belfried wie aus dem Bilderbuch, der den Marktplatz Mechelens überragt und in dem die berühmten Glockenkonzerte gespielt werden.

Ruheoase der Stadt. Gegenüber steht das ehemalige Palais der anderen Stadtfürstin Mechelens, Margarete von York.

Acht Kirchen

Mechelen zählt nicht weniger als 300 denkmalgeschützte Bauwerke, darunter acht gotische und barocke Kir-

Der Palast von Margarete von Östereich im Renaissancestil, im Herzen der Stadt

chen aus dem 14. bis 17. Jahrhundert, die St.-Rombouts-Kathedrale eingeschlossen. Dort ist viel Kunst aus unterschiedlichen historischen Epochen zu sehen. Die Kirche Onze-Lieve-Vrouwe-over-de-Dijl bewahrt das Triptychon „Der wunderbare Fischfang" von Peter Paul Rubens.

Ein anderes Werk von Rubens, das wunderbare, dreiteilige Altarbild die „Anbetung der Weisen" ist in der St.-Johannes-Kirche zu sehen, der schönsten der Stadt. Die St.-Rombouts-Kathedrale hat nicht weniger zu bieten. Hier haben unter anderem das Altarbild „Christus am Kreuz" von Anton van Dyck und ein Werk aus dem 16. Jahrhundert von Michiel Coxcie ihren Platz gefunden. Werke des Bildhauers Lucas Faydherbe sind in allen Kirchen, außer der St.-Peters-Kirche zu sehen.

Kulinarische Schätze

Auch kulinarisch hat Mechelen einige Schätze zu bieten. Die Brauerei *Het Anker* direkt am Beginenhof ist eine der ältesten Belgiens (1471). Deren überaus schmackhafte Biere wie das *Gouden Carolus* (den Namen trägt es zu Ehren Karls V.) heimsen internationale Preise ein, wie den Titel „World's Best Dark Ale" 2010. Eine köstliche Versuchung, authentisch und traditionell-handwerklich hergestellt. In der lebhaften und stets gut besuchten Groß-Brasserie der Brauerei treffen sich Einheimische wie Touristen zum Gaumenschmaus. Hier findet man immer einen Platz. Natürlich werden viele Gerichte mit den hauseigenen Bieren aromatisiert. Zu entdecken gilt es auch die Mechelener Spezialität, den „Kuckuck". Das hört sich exoti-

ORIGINELL: DER „HÖCHSTE" BEAMTE DER STADT

Der Arbeitsplatz des Mechelener Stadtglockenspielers Eddy Marien liegt auf der obersten Etage des St.-Rombouts-Turms. Den Künstler könnte man als den „höchsten Beamten" der Stadt bezeichnen, denn schließlich muss er immer über 500 Stufen hinaufsteigen, um das berühmte Glockenspiel zu zelebrieren. „Wir haben etwas weltweit Einmaliges hier oben", sagt Marien, „nämlich gleich zwei Glockenspiele mit je 49 Glocken". Jeden Samstag und Montag um 11.30 Uhr und jeden Sonntag um 15 Uhr erklingt ein Glockenkonzert. Die große Glockenspieltradition Mechelens wurde von Jef de Nijn Ende des 19. Jahrhunderts begründet. Das gab es vorher in keiner Stadt.

Er liebt seinen Arbeitsplatz in schwindelnder Höhe, der Stadtglockenspieler von Mechelen, der mit 42 Klöppeln die Glocken des Turms erklingen lässt.

1922 wurde die Mechelener Glockenspielschule von ihm gegründet, die erste der Welt, die heute Menschen aus allen Kontinenten ausbildet. „Ich spiele auch Ludwig van Beethoven", sagt Eddy Marien, „darüber freuen sich die deutschen Besucher besonders, schließlich wohnte Beethovens Großvater in Mechelen". Die kleine Kabine ist sein Refugium.

Das Glockenspiel wird durch 42 hölzerne Klöppel bedient, die mit der Faust quasi „geschlagen" werden müssen, damit die damit verbundenen, schweren Glocken erklingen.

Sommerliche Glockenspielkonzerte jeden Montagabend ab 20.30 Uhr vom St.-Rombouts-Turm

ORIGINELL: HOTEL-TIPP

Und wer sich außergewöhnlich betten möchte, der kann im Kirchen-Hotel Martin's Patershof einen Aufenthalt der besonderen Qualität genießen.

Die Zimmer des Hotels befinden sich im ehemaligen Kirchenraum, auf sechs Etagen verteilt. Sie bieten ein Ambiente voller Charme und Komfort, das seinesgleichen sucht.

Martin's Patershof
Karmelietenstraat 4
www.martins-hotels.be

scher an, als es ist. Es handelt sich um das schmackhafte Fleisch einer besonderen Hühnerrasse. Dazu passt hervorragend Chicorée, das bittere Gold Flanderns. Dabei ist er nur von Natur aus bitter. Wenn man ihn in der Pfanne mit Zucker karamellisiert und in Butter schwenkt, entsteht ein köstliches Aroma, vor allem auch in Verbindung mit Schinken oder überbacken mit Béchamelsoße. Die Region um Mechelen ist eine Hochburg des Chicorée-Anbaus, insbesondere der Vorort Kampenhout (mit Chicorée-Museum). Um das Städtchen Sint-Katelijne-Waver erstreckt sich das größte Gemüseanbaugebiet Belgiens. Ein Füllhorn auch für Mechelens Köche, unter ihnen sind gleich drei stolz auf einen Michelin-Stern.

Die ruhige Stadt Mechelen lädt im Schatten ihrer Bauwerke und vor der Kulisse der Giebelhäuser auch zum entspannten Einkaufsbummel ein. Hier sind sie noch vertreten, die originellen Einzelhandelsgeschäfte, oft mit einer viele Generationen alten Tradition wie der Kaashandel Schockhaert an der Ijzerenleen 28 oder der Zigarren- und Genussladen Huis Windels in Nummer 48.

i Verkehrsamt Mechelen
Dienst Toerisme
Grote Markt 21
2800 Mechelen
Tel.: +32 (0)15 29 76 52
www.mechelen.be

2.10. Lier

Stadt der Dichter, Denker und Schafsköpfe

Der Grote Markt in Lier ist das Zentrum der kleinen flämischen Stadt an der Nete unweit von Antwerpen. Er erhielt 2012 anlässlich des 800. Geburtstags der Stadt mit Parkbänken, Marmoreinfassungen und Wasserfontänen einen neuen Look. Der schlanke Belfried am Rathaus aus dem Jahre 1369 ist Unesco-Weltkulturerbe wie auch der wunderschöne, harmonische Beginenhof.

„Lierke Plezierke" (Lierer Vergnügungen) ist ein geflügeltes Wort, das die gesellige, schwelgerische burgundische Lebensart bezeichnet, die auf den vielen Plätzen der Stadt überall spürbar ist.

Für markante Zeilen ist Felix Timmermans zuständig, der berühmte Lierer Schriftsteller, der 1886 hier geboren wurde. „Wo die drei sich schlängelnden Neten einen silbernen Knoten legen, wo jäh das speckbäuchige, füllhornige Brabant

Ein Treff der Lierer, der Zimmerplein-Platz, unweit vom Beginenhof

sich von dem sinnierenden mageren Kempenland trennt, dort ist es …“, so beginnt sein Buch „Schönes Lier“. „Er zählt zu den berühmtesten unter den Lierer Künstlern, von denen vier *„Das Lierer vierblättrige Kleeblatt“* bildeten.

Dazu zählten der Kunstmaler Isidoor Baron Opsomer, der Schriftsteller und Maler Felix Timmermans, der Kunstschmied Lode Van Boeckel sowie der Uhrmacher Louis Zimmer“, sagt Stadtführer Hugo Broes. Die ersten drei erhielten ein eigenes Museum, während Louis Zimmer in dem nach ihm benannten Turm und Pavillon fortlebt. Dieser steht am Zimmerplein, einem der lebhaftesten Plätze der Stadt und mit vielen Lokalen und Terrassen ein beliebter Treffpunkt.

Wunderuhren

Louis Zimmer wurde 1888 in Lier geboren. Bereits in der Sekundarstufe zeichnet er sich in Mathematik aus. Nach dem Ende seiner Schulzeit hilft Louis seinem Vater – einem Uhrmacher – in seinem Atelier. Während des Ersten Weltkrieges beschäftigt er sich zu Hause mit dem Astronomie- und Geologiestudium. Später unternimmt er verschiedene Studienreisen u. a. nach Italien und in die Schweiz. Sein vielseitiges Wissen über Uhrwerke und Glockenspiele ist schon bald berühmt. Zum Ende der Feindseligkeiten des Ersten Weltkrieges schenkt er König Albert I. seine erste Wunderpendeluhr. Zimmer entwirft das Uhrwerk, die Rassel und das Glockenspiel des St.-Gummarus-Turms in Lier, ein in jener Zeit einzigartiger Automat. Auch die damalige Beleuchtung des Turmuhrenwerks ist eine technische Glanzleistung.

Fünf Jahre später baut er seine Wunderuhr anlässlich der Weltausstellung 1935 in Brüssel, die Uhr ging dann 1939 auch zur Weltausstellung nach New York. Sie hat unglaubliche 93 Ziffernblätter und ist im Zimmer-Pavillon zu bewundern. Im Zimmer-Turm ist die Jubiläumsuhr (1930 zu Ehren des 100. Jahrestages der Unabhängigkeit Belgiens erbaut) integriert. Sie verfügt über dreizehn Ziffernblätter, auf denen man nicht nur die Zeit, sondern auch den Mondkreis, die Sternzeichen, die Gezeiten, die Jahreszeiten, die Mondphasen u.a. ablesen kann.

Gleich nebenan, an der Schapenkoppenstraat steht ein kurioses Monument, eine Schafherde aus Metall. „Das hat folgenden Grund“, erzählt Hugo Broes schmunzelnd. „In diesem Schafsköpfe-Monument, einem Werk von Robert Schoofs, das im Schatten des Zimmer-Turms steht, ist der Spottname der Lierer verewigt. Die Legende besagt, dass zu Beginn des 14. Jahrhunderts die Lierer vom Herzog vor die Wahl

Gebäudeensemble im Beginenhof von Lier

gestellt wurden: Ein Viehmarkt oder eine Universität. Und man entschied sich für das Erstgenannte, sodass dem Herzog herausrutschte: Oh, diese Schafsköpfe! Die Universität ging dann an Leuven."

Berühmte Hochzeit

Überquert man den Zimmerplein, so erreicht man den angrenzenden Beginenhof von Lier. Er gilt als einer der schönsten und harmonischsten Belgiens. Die Kirche St. Margarita aus dem 17. Jahrhundert bietet ein prächtiges Interieur, das bei einfallendem Sonnenlicht in vollem Glanze erstrahlt. Sie wirkt nahezu übersät mit weißen Marmorstatuen. Der Hauptaltar wird 1711 vom Antwerpener Pieter Scheemaeckers angefertigt und umrahmt ein Ölgemälde auf Leinwand von Jan Erasmus Quellin dem Jüngeren. Das Tabernakel aus rot geädertem Marmor ist ein Werk von Willem Ignatius Kerrickx aus dem Jahre 1742. Die Kanzel in Eiche trägt ebenfalls seine Signatur. Ein bemerkenswerter Besitz dieser Kirche ist die Forceville-Orgel aus dem 18. Jahrhundert, die ein sehr eigentümliches Klangbild besitzt.

Die St.-Gummarus-Kirche besitzt mit die schönsten Bleiglasfenster Belgiens. Das Gotteshaus wird in den kommenden Jahren renoviert. Die Fenster sind zur Restaurierung aus der Kirche entfernt worden, sie sollen aber zwischenzeitlich in einer Sonderausstellung zu sehen sein.

In dieser Kirche fand 1496 eine aufsehenerregende Hochzeit statt. Philipp der Schöne, der Sohn von Maximilian von Österreich und Maria von Burgund, heiratete Johanna von Kastilien. „Anlässlich der Feierlichkeiten strömten so viele Einwohner über die hölzerner Brücke zum Empfang des Paares, dass diese einstürzte", erzählt Hugo Broes. Aus dieser Ehe ging ein Sohn hervor, der später als der legendäre Kaiser Karl V. Geschichte schrieb.

i Toerisme Lier
Grote Markt 57
2500 Lier
Tel.: +32 (0)38 00 05 55
www.toerismelier.be

Das Interieur der Beginenhofkirche steckt voller Kostbarkeiten

2.11. Oudenaarde – Stadt der Teppichweber

Oudenaarde ist eine traditionsreiche Tuch- und Wollweberstadt an der Schelde südlich von Gent. Seit dem 15. Jahrhundert war sie Zentrum der „Bildteppich-Wirkereien“, was ihr eine Blütezeit im 16. und 17. Jahrhundert bescherte. Sie besitzt mit ihrem Rathaus ein absolutes Juwel der Brabanter Gotik. Es wurde nach dem Vorbild des Leuvener und des Brüsseler Rathauses 1526–1530 erbaut und steht den beiden Vorbildern in seiner Pracht kaum nach. Von der ursprünglichen Ausstattung ist vieles im Originalzustand zu bewundern, außerdem fasziniert die hohe Qualität barocker Gemäldekunst.

In unmittelbarer Nähe erhebt sich der 88 Meter hohe, gigantisch wirkende Turm der St.-Walburga-Kirche, in dem sich Bauphasen der Gotik und des Barocks verbinden. Die 49 Glocken werden vom „Beiaardier“, dem offiziellen städtischen Glockenspieler jeden Sonntag zwischen 11.30 und 12.30 Uhr, kunstvoll zum Klingen gebracht.

Wer hinter langen Mauern alte Oudenaarder Festungen vermutet, irrt, denn das Militärische lag dieser stets klein gebliebenen, kunstfertigen Stadt fern. Dahinter waren vielmehr jene karitativen, frommen Frauen tätig, die Flanderns guten Ruf mitgeprägt haben: die Beginen. Den Beginenhof von Oudenaarde erreicht man durch das alte barocke Tor in der Burgstraat, hinter der sich die pittoreske, verhalten noble Atmosphäre der kleinen Häuser aus dem 17. und 18. Jahrhundert ausbreitet.

Oudenaarde ist mit jahrhundertealter Brauereitradition auch eine Bierstadt: Roman, Liefmans, Cnudde und Smisje. Vor allem die „bruine” (braunen) Biere sind bekannt.

i Dienst voor Toerisme
Stadhuis/Markt
9700 Oudenarde
Tel.: +32 (0)55 31 72 51
www.oudenaarde.be

2.12. Ypern (Ieper)

Die berühmten Tuchhallen und die Legende vom Katzenwerfen

Im Mittelalter war Ypern neben Brügge und Gent eine florierende Handelsstadt für Tuch. Die eindrucksvollen Tuchhallen am gemütlichen Grote Markt mit seinen Cafés und Fassadenreihen zeugen mit ihrer Grandeur noch heute davon. Sie sind real noch viel imposanter als auf Bildern und beherrschen die Szenerie am Marktplatz. Im Westflügel der Hallen wurde ein neues Besucherzentrum eingerichtet. Die im Ersten Weltkrieg arg beschädigte Stadt verfügt zudem seit 2012 über ein modernes und einzigartiges Militärgeschichtsmuseum: Das *In Flanders Fields Museum*. Die Tuchhallen wurden 1304 fertiggestellt. Aus dem langen Vorbau (125 Meter!) erhebt sich in der Mitte mit 70 Metern Höhe ein kolossaler Belfried. Das mittlere Geschoss beherbergte die Waffenkammer. Hier findet das berühmte Yperner Katzenwerfen statt. Im Glöcknerhaus befindet sich das Glockenspiel mit 49 Glocken.

Ein Gebäudejuwel wie die majestätischen Tuchhallen haben nur wenige Städte zu bieten. Es hinterlässt beim Besucher einen unvergesslichen Eindruck.

Sehenswert sind das Rathaus, das Nieuwerck auf einer Spitzbogenreihe sowie die Maartinskathedrale im gotischen Stil mit dem Grab des Grafen Robrecht van Bethune, dem „Löwen von Flandern“. Im Stadtmuseum mit seinen vielen Schätzen der Schönen Künste und Kunstgegenständen erleben Besucher die jahrhundertealte Geschichte Yperns.

i Toerismus Ieper/Ypern
Im Erdgeschoss der Tuchhalle (Lakenhal)
Grote Markt 34
8900 Ieper
Tel.: +32 (0)57 239 220
www.toerisme-ieper.be

Beeindruckendes Ensemble mit dem 70 m hohen Belfried

ORIGINELL: FEST DER KATZEN

Während des traditionellen „Kattestoet" (Fest der Katzen, mit Umzug und Programm in der ganzen Stadt) werden Spielzeugkatzen (in der Vergangenheit waren es leider lebende Katzen) vom Rathausturm geworfen. Das geht auf eine alte Tradition zurück: Im Obergeschoss der Tuchhalle (Lakenhal) wurde im Winter die Wolle gelagert und dort wimmelte es von Mäusen, sodass man Katzen hingebracht hatte, damit die Mäuse verschwanden. Aber in kurzer Zeit wurde aus der Mäuse- eine Katzenplage. Was nun? Im Frühling wurde die Wolle kontrolliert und verkauft. Danach wurden die Katzen vom höchsten Turm des Gebäudes auf den Platz geworfen, um die Tötung der Dämonen des Winters zu symbolisieren.

2.13. VEURNE

EINE PERLE WESTFLANDERNS

Veurne in Westflandern, nur rund fünf Kilometer von der belgischen Küste entfernt, zählt etwa 12.000 Einwohner und ist eine der hübschesten Städte Flanderns. Der historische Ortskern setzt sich um den schönen Grote Markt, den Appelmarkt und den St.-Walburga-Park zwischen der Noordstraat und der Nieuwstraat in Szene. In Veurne sind die Bauwerke rund um den Grote Markt im flämischen Stil errichtet, mit Treppengiebeln und Doppelgiebelfronten sowie Gesimsen, aber es sind durchaus auch spanische Einflüsse zu sehen. Während der Regentschaft der Erzherzöge Albert und Isabella von Spanien blühte die Stadt auf. Die Häuser stammen zum großen Teil aus dem 17. Jahrhundert. Das Stadthuis (Rathaus) wurde 1596 (linke Seite) und 1612 (rechte Seite) erbaut. Es entstand im flämischen Renaissancestil mit Doppelgiebelfront sowie einer eleganten Loggia. An der hinteren

In Veurne sind die Bauwerke rund um den Grote Markt in flämischem Stil erbaut, aber durchaus auch mit spanischen Einflüssen durchsetzt. Auf dem Platz lässt sich romantisch verweilen, stets hat man ein schönes Gebäude im Blick und Renaissance-Atmosphäre im Hintergrund.

Veurne ist ein Städtchen voller Charme und Geschichte, eine wahre Fundgrube für Architekturliebhaber

Seite erhebt sich ein Treppenturm mit einer kleinen Kugelhaube. Im Inneren sind die Wände mit wunderschönen Cordobalederarbeiten verkleidet. Außerdem ist das Rathaus mit bemerkenswerten Möbeln aus dem 18. Jahrhundert ausgestattet.

Der ehemalige Justizpalast aus dem 17. Jahrhundert, das Landhuis, wurde durch den Bau des Antwerpener Rathauses angeregt. Direkt hinter dem ehemaligen Justizpalast erhebt sich der Belfried (1628) in gotischem Stil, der von einer barocken Abdeckung überragt wird. Über eine kleine Straße an der rechten Seite des ehemaligen Palastes erreicht man die St.-Walburgakerk. Sie geht auf das 12. Jahrhundert zurück und wurde in romanischem Stil erbaut. Ein neues Gebäude wurde im 13. Jahrhundert geplant, aber niemals beendet. Einzig der Chor, der mit seinen 27 Metern Höhe und den vielen Strebepfeilern beeindruckt, wurde komplett fertiggestellt. Im Inneren sind die Proportionen harmonisch und imposant. Zum Kirchenmobiliar zählen schöne Chorstühle im flämischen Renaissancestil aus dem Jahre 1596. Im Norden des Grote Markt ist ein Ensemble von fünf schönen Giebelhäusern mit schweren Säulenfenstern bemerkenswert. In der Noordstraat, in der ehemaligen Auberge de la Noble Rose (1572), die in ein Bankinstitut umgewandelt wurde, logierte 1906 der Schriftsteller Rainer Maria Rilke. Der Spaans Paviljoen (Spanische Pavillon) auf der Ecke Grote Markt / Ooststraat steht ein Gebäude aus dem 15. Jahrhundert, das bis 1586 als Rathaus diente. Im 17. Jahrhundert wurde es von den Spaniern als Stabsquartier genutzt.

Das Oude Vleeshuis (alte Fleischhalle) wurde 1615 errichtet und hat eine sehr schöne Fassade. Das restaurierte Gebäude beherbergt heute die Stadtbibliothek.

Die Hoge Wacht (Stadtwache) am Ende des Grote Markt im Süden beeindruckt durch ihre Arkaden von 1636. Die seitliche Fassade geht auf den Appelmarkt mit der St.-Niklaas-Kirche. Diese wird von einem schönen massiven Backsteinturm aus dem 13. Jahrhundert überragt. Hier befindet sich eine der ältesten flämischen Glocken, Bomtje genannt (1379). Das Innere der Kirche mit den drei gleich hohen Kirchenschiffen ist typisch für eine Hallenkirche. Auf dem Hauptaltar befindet sich ein interessantes Tryptichon aus dem Jahr 1534. Im 9. Jahrhundert war Veurne ein befestigter Ort, der sich stetig vergrößerte und im 14. Jahrhundert mit einer Stadtmauer umgeben wurde. Der französische Baumeister Vauban legte diese Befestigungen an, 1783 wurde sie durch Kaiser Joseph II. niedergerissen. Jedes Jahr am Pfingstmontag findet auf dem Marktplatz ein großer Blumenmarkt statt, im August dann das Fest „Anno 1900“ mit vielen alten Kostümen und Vorführungen der Handwerkskünste aus der damaligen Zeit.

Einmal im Jahr findet auch die beeindruckende Büßerprozession in Veurne statt. Bei diesem Umzug tragen die Teilnehmer Büßergewänder, Kapuzen und Kreuze.

Ausflugstipps

Im nahen De Panne gibt es die größten Dünen der belgischen Nordseeküste, „flämische Sahara“ genannt. Die unvergleichlich schöne Dünenlandschaft der „Dunes de Flandre“ schließt sich im nur zehn Autominuten entfernten Frankreich an.

i www.lesdunesdeflandre.fr

Veurne
Dienst toerisme
Grote Markt 29
Tel.. +32 (0) 58 33 55 31
www.veurne.be

2.14. Diest

Das charmante Oranier-Städtchen mit Weltkulturerbe

Am Flüsschen Demer im Dreieck der Provinzen Limburg, Brabant und Antwerpen und nicht weit von Leuven liegt Diest. Ein Abstecher hierher, in die eher unbekannte Provinz Flämisch-Brabant lohnt sich. Sie steckt voller Geschichte und erlebenswerter Kleinode, alter Städte, Abteien und ländlicher Idyllen und ist nur etwas mehr als eine gute Autostunde von Aachen entfernt. Diest hat eine bewegte Geschichte. Zeugnis davon legen die teilweise noch erhaltenen Festungswälle ab. Zusammen mit Breda (Niederlande), Dillenburg (Deutschland) und Orange (Frankreich) gehört die Stadt zur Union der Oranierstädte. Philipp-Wilhelm von Oranien (1554-1618), der älteste Sohn Wilhelms I. von Oranien-Nassau, war Herr der Stadt Diest. Sein Grab befindet sich in der St.-Sulpitius-Kirche (15./16. Jahrhundert) am Grote Markt. Das Gotteshaus (Demergotik) aus dem typischen

Sehr sehenswert ist der Beginenhof von Diest mit seinen Gassen und kleinen Häuschen.

braunen Sandstein der Region beherbergt sehenswerte Kunstwerke (u.a. Tabernakel, Orgel, „Jungfrau mit dem Kinde“).

Malerisches Zentrum am Grote Markt

Der Grote Markt ist wie in allen Städten Flanderns das architektonische Zentrum. Hier stehen Giebelhäuser aus dem 16. bis 18. Jahrhundert sowie das Rathaus (Stadhuis) aus dem 18. Jahrhundert. Man wäre nicht in Belgien, wenn die Cafés und Restaurants, die stets einladend und gut besucht sind, nicht mit ihren Erkern (im Winter wohlig beheizt) und Terrassen zu Rast und Entspannung bei regionalen Leckereien verführten.

In dem 1728 erbauten vorklassizistischen Rathaus ist das reich bestückte Stadtmuseum untergebracht. Diest erweist sich auch als charmante Einkaufsstadt mit vielen originellen Einzelhandelsgeschäften, zum Teil in pittoresken Giebelhäusern. Das mittelalterliche Ensemble des Beginenhofes sucht seinesgleichen. Es zählt zu den 13 (von insgesamt noch 26 erhaltenen) flämischen Beginenhöfen, die anerkanntes Weltkulturerbe der Unesco sind. Man gesellt sich in einen illustren Reigen mit Brügge, Dendermonde, Gent, Gent Sint Amandsberg, Hoogstraten, Lier, Löwen, Mechelen, Kortrijk, Sint-Truiden, Tongeren und Turnhout. Als Beginen (Frauen) und Begarden (Männer) wurden ab dem 13. Jahrhundert die Angehörigen einer Gemeinschaft christlicher Laien bezeichnet. Sie lebten in der Abgeschiedenheit und Ruhe der Beginenhöfe.

Durch ein imposantes, säulenverziertes Barocktor (1671) betritt man eine harmonische Welt des Mittelalters mit kleinen Häusern aus dem 16. bis 18. Jahrhundert. In manchen haben Künstler ihr Atelier. In der schlichten St.-Katharina-Kirche (14. Jahrhundert) befinden sich zahlreiche Gemälde, Spitzen, sowie eine sehenswerte Kanzel. Der Hof wurde 1252 gegründet und war bis 1923 bewohnt.

Im Gasthof 1618 (www.gasthof1618.be) mit einladender Sommerterrasse schmecken einheimische Biere und Regionalküche im außergewöhnlichen, rustikal-gemütlichen Ambiente des 17. Jahrhunderts.

i Toerisme Diest
Koning Albertstraat 16A
3290 Diest
Tel.: +32 (0)13-35 32 74
www.toerismediest.be

2.15. Maaseik

Der Platz der Gebrüder van Eyck

Der Marktplatz im Städtchen Maaseik ist eigentlich unspektakulär. Und gerade das macht ihn aus. Viele halten ihn für den gemütlichsten und charmantesten in ganz Belgien.

Das liegt zum einen an der Ruhe des Flairs, das hier herrscht, zum anderen an den vielen Cafés und den schattigen Plätzchen unter den Lindenbaumreihen (97 Bäume an der Zahl) vor mehr als zwei Dutzend alten Häusern im Stil der maasländischen Renaissance aus dem 16. bis 18. Jahrhundert. Hier lässt sich vortrefflich entspannen und der Alltag ist schnell vergessen. Das Geschehen von oben herab betrachten sich die Malerbrüder Jan und Hubert van Eyck, von ihrem Denkmal in der Mitte des Marktplatzes aus. Maaseik ist ihre Geburtsstadt. Jan van Eyck gilt als der größte niederländische Maler des 15. Jahrhunderts. Ihm verdankt die Welt das Gemälde des berühmten Genter Altars.

Zu den Sehenswürdigkeiten Maaseiks gehört das Museactron, ein Ensemble aus drei Museen: archäologisches Museum, Bäckerei- und Mühlenmuseum sowie die älteste Apotheke Belgiens und zugleich das

Marktplatz

älteste Haus der Stadt von 1704. Die Originaleinrichtung, teils aus dem 16. Jahrhundert, ist zu bewundern. Einen Besuch wert ist die neoklassizistische Sankt-Katharina-Kirche aus dem Jahre 1840/1841. Sie beherbergt besondere Kirchenschätze. Silberschmiedearbeiten, Reliquienschreine sowie das älteste Evangelium der Benelux-Länder, der Codex Eyckensis (aus dem 8. Jahrhundert) sind die wertvollsten Stücke der Sammlung. In den Nebenstraßen des Marktplatzes kann man flanieren und in den Geschäften des Städtchens einkaufen. Auch viele Radfahrer machen auf diesem Marktplatz Rast, denn eine schöne Radroute (siehe Ausflugstipp) an der Maas entlang führt von Dilsen-Stokkem

Älteste Haus in Maaseik

direkt über den Marktplatz und wieder aus der Stadt hinaus an die Maasauen zurück.

Hotel-Tipp:

Hotel Van Eyck
Das erste Haus am Platz ist ein Vier-Sterne-Hotel in exponierter Lage direkt am Marktplatz, mit einer modern geprägten Brasserie, einer sehr komfortablen Terrasse, auf der sich Besucher, Hotelgäste und Einheimische ein Glas Wein und Aperitifhäppchen schmecken lassen. Das Hotel verfügt über sehr geräumige, modern gestylte Zimmer mit ausgesprochen großen Betten und barrierefreien, großzügigen Badezimmern im neuesten Design.

- Hotel-Restaurant-Brasserie
  Van Eyck
  Markt 48
  3680 Maaseik
  Tel. +32 (0) 89 86 37 00
  www.hotel-vaneyck.be

Gastro-Tipp

- Brasserie/Restaurant De Beurs
  Markt 7
  3680 Maaseik
  Tel.: 32 (0) 89 564079
  www.debeurs.be

In dem urigen, 110 Jahre alten Gemäuer finden Besucher ein nettes und gemütliches Plätzchen, um ein leckeres Bier, einen Kaffee, Kuchen, Snacks und regionale Gerichte zu genießen. Im Sommer hat man auf der Terrasse einen wunderbaren Blick auf diesen schönen Marktplatz.

Ausflugstipps

Von Dorf zu Dorf, und immer die Maas im Blick
Die Maas ist die Lebensader des Limburgischen Grenzlandes, die

Trennlinie zwischen Belgien und den Niederlanden. Das spiegelnde Relief aus Fluss, Seen und Kanälen, die Waldgürtel und weiten, ebenen Wiesengründe mit Obstgärten sind beeindruckend ursprünglich, die Nähe des Wassers von erquickender Frische. Im Besucherzentrum *De Wissen* in Dilsen-Stokkem unweit von Maaseik liegt der Startpunkt für die Radtouren am Fluss entlang. Hier findet der Besucher ein interaktives Museum für das ökologische System des Flusses und ein touristisches Center zugleich. Die grünen Drahtesel von Toerisme Limburg stehen hier den Freizeitaktiven zum Ausleihen zur Verfügung. Direkt vor der Tür beginnt der Radweg (der komplette Rundweg hat rund 56 Kilometer, Abkürzungen durch das Knotenpunktsystem sind kein Problem) zu den Schönheiten dieses Maasabschnitts über einen bequemen Feldweg parallel zu den Windungen der Maas. Das Deichvorland ist hier sehr fruchtbar, unberührte Maasauen zeigen eine üppige Fauna und Flora, Natur zum Sattsehen aus der erhöhten Position des Fahrradsattels. Viele Eindrücke dieser ländlichen Region vor dem Hintergrund der Maas und des Süd-Willems-Kanals begleiten die Radfahrer. Langhaarige Galloway-Rinder und Konik-Pferde beobachten unbekümmert die Vorbeifahrenden, Fischreiher steigen von Baum gesäumten Ufern auf, Enten und Schwäne kreuzen auf Mühlbächen und Weihern. Über Heppereert erreicht man Maaseik, dann Aldeneik und später Wurfeld mit seinem Schlossgarten und den Wassermühlen. Über Dilsen geht es schließlich zurück nach De Wissen.

Im romantischen Aldeneik mit seinen Bauernhöfen, der alten Mühle, dem plätschernden Bach und dem Weingut kann man einen sehr schönen Wanderweg entlang der Maas gehen. Ein guter Startpunkt ist der Kirchplatz. An der Ortstraße entlang wendet man sich Richtung Maasdeich an der linken hinteren Seite von der Kirche weg und folgt dem Weg, bis man rechterhand in die Leeuwerikstraat einbiegt. Jetzt geht es bequem immer geradeaus aus Aldeneik heraus in Flussnähe über einen komfortablen Spazierweg. Die Ruhe und die Aussicht auf die flachen Maasauen sind entspannend, grüne Landschaft bis zum Horizont. Natürlich fahren hier auch Radfahrer auf dieser Strecke. Man macht sich halt gegenseitig Platz und genießt das fast schon südländische Laisser-faire. Ziel ist das gut eine Geh-Stunde entfernte Ophoven/Kinrooi mit seinem Jachthafen Marec (www.marec.be). Aufgrund der relativ kurzen Distanz kann man den Weg hin und zurück wandern und den Wagen in Aldeneik oder Ophoven parken. Auf dem Weg laden im Dorf Leeuwerik Cafés und Kneipen mit ihren Terrassen zum urigen Rasten ein.

Recht ursprünglich-ländlich geht es hier noch zu, halt Natur pur, wie ein kleiner Urlaub nicht weit weg von der Haustüre. Am Etappenziel in Ophoven ist das „De Spaanjerd" ein beliebter Treffpunkt. Es liegt direkt gegenüber dem gleichnamigen Jachthafen, dem modernsten in Westeuropa, der zugleich ein Familieneldorado ist. Der Name erinnert an die Herrschaftszeit der Spanier, die hier früher eine Station hatten, wo Pferde gewechselt wurden. Das geräumig, stilvolle Hotel-Restaurant mit Brasserie ist Stammplatz für viele Maasbesucher, Kapitäne, Radfahrer und Spaziergänger. Es geht im rustikalen Tavernen-Rahmen gesellig zu. Wunderschön sind der Erker und die große Außenterrasse. Die Muscheln schmecken hervorragend und den Blick aufs Wasser gibt's gratis.

Limburgische Spezialitäten stehen selbstverständlich auf der Karte (beispielsweise auch leckerer Vlaai – Kuchen). Am „De Spaanjerd" legt auch die Fußgänger- und Fahrradfähre „De Walborgh" an (Informationen: Toerisme Kinrooi, Tel. +32 89 56 47 36). Sie bringt Passagiere ans nahe Ufer nach Stevensweert und Thorn im niederländischen Limburg.

i Toerisme Limburg
Universiteitslaan 3
3500 Hasselt
Tel.: +32 (0)11 30 55 00
www.toerismelimburg.be oder

Maascentrum De Wissen
Maaspark
3650 Dilsen-Stokkem
Tel.: +32 (0)89 75 21 71
www.dewissen.be

Anfahrt Aldeneik und Ophoven:
Autobahn E 314 Heerlen, dann auf die E25 Richtung Eindhoven bis Abfahrt Maaseik, dann vor Maaseik rechterhand Richtung Kinrooi/Ophoven, Beschilderung Aldeneik oder Kinrooi/Marec folgen.

2.16. Sint-Truiden

Der zweitgrösste Markplatz Belgiens

Das schmucke Sint-Truiden ist eine Perle des Haspengaus in Belgisch-Limburg und der Mittelpunkt des Obstanbaus in dieser Region. Es gilt aber auch als Stadt der Kirchen. Bereits um 1100 gab es hier elf Gotteshäuser. Auf dem Grote Markt eröffnet sich ein tolles Panorama. Ringsum gesäumt von Patrizierhäusern aus dem 18. und 19. Jahrhundert, die viele einladende Cafés und Restaurants beherbergen, ist der Marktplatz von Sint-Truiden nach dem in Sint-Niklaas der zweitgrößte Belgiens. Im Sommer ist er eine einzige, riesige Terrasse voller Lebensfreude. Der Platz wird überragt von einem Ensemble dreier nahe beieinanderliegender, geschichtsträchtiger Bauwerke: der renovierte Abteiturm des ehemaligen Benediktinerklosters, das prächtigen Stadthuis mit dem 46 m hohen, grazilen Turm aus dem 14. Jahrhundert, das wie ein majestätisches rotes Schloss wirkt, und der Turm der Onze-Lieve-Vrouwekerk (Liebfrauenkirche).

Lebendiges Zentrum der kleinen Stadt ist der große Marktplatz, der von Türmen überragt und von Cafés gesäumt wird.

Sint-Truiden: Beginenhofkirche und Weltkulturerbe

Trudo, der Sohn des Haspengauer Grafen, errichtete 655 hier eine Priestergemeinschaft, aus der eine Abtei entstand, die bis zur Besatzung durch die Franzosen 1794 bestand. 1975 brannten die Gebäude nieder.

Durch ein beeindruckendes Barockportal neben dem restaurierten Turm betritt man die Überreste der Kirche und die ebenfalls restaurierte Krypta. Wer auf den Abteiturm hinaufsteigen möchte, muss 196 Stufen bewältigen, aber keine Sorge: Es gibt fünf Rastplattformen und der Ausblick auf die Silhouette der Stadt und das Umland ist fantastisch. Der Sint-Agnes-Beginenhof wurde 1258 erbaut. Der Atem des Mittelalters ist hier noch spürbar. Die Beginenhofkirche stammt aus dem 13. Jahrhundert. Sehr schön sind die Säulen- und Wandbilder aus dem 13. bis 17. Jahrhundert, 38 an der Zahl, mit Darstellungen heiliger Frauen und Szenen aus dem Leben Marias.

De Festraetsstudio liegt in einem Gebäude gegenüber der Kirche. Es bewahrt das Lebenswerk des Glockenbauers Kamiel Festraets – die mit über sechs Metern Höhe größte astronomische Uhr weltweit.

i Toerisme Limburg
Universiteitslaan 3
3500 Hasselt
Tel.: +32 (0)11 30 55 00
www.toerismelimburg.be

ORIGINELL: LANDPARTIE MIT DEM ELEKTROFLITZER

Im Haspengau kann man auf den Spuren der Römer wandeln, Unesco-Weltkulturerbe bestaunen und ganze Tage lang die Region auf besonders natürliche und umweltfreundliche Weise erkunden – mit dem E-Bike oder dem Twizy-Elektroflitzer. Man braucht sie nur von der Steckdose zu nehmen, eine kurze Einweisung in die Bedienung, Bremse los und auf gehts.

Der Tross von fünf Twizy-Elektroflitzern setzt sich langsam in Bewegung. Eine Gruppenfahrt zu den attraktiven Ausflugszielen im Herzen des grünen Haspengaus zwischen Borgloon und Sint-Truiden auf einer vom Veranstalter geplanten Route macht richtig Laune. Auf diesen Routen gibt es immer wieder Neues zu entdecken.Normalerweise geht die Tour über 100 Kilometer durch die beschauliche Obstbauregion. Per elektronisches Roadbook können die Fahrer die Wegstrecken verfolgen. Das ist bei den vielen kleinen Straßen und abgelegenen Ortschaften in dieser ländlichen Gegend auch sinnvoll. Selbst 100 Kilometer sind mit den Twizys kein Problem, die „Scooter-Autos" (2 Sitze hintereinander) sind bis zu 80 km/h schnell und lassen sich komfortabel steuern, großer Fun-Faktor inklusive. Sie wirken wie eine Kombination aus Elektro-Kart und Smart. „Die Tagestouren beginnen morgens

Origineller Spaß, mit Elektroflitzern von Schloss zu Schloss durch den grünen Haspengau

gegen 9 Uhr und enden abends gegen 18 Uhr", sagt Veranstalterin Myriam Sambre. Startpunkt ist das Gelände von Pom's, dem größten touristischen E-Mobil-Verleiher in Flandern (Für E-Bike Verleih gibt es auch noch andere Anbieter).

Zunächst geht es durch das Zentrum von Sint-Truiden mit dem zweitgrößten Marktplatz Belgiens. Die staunenden und neugierigen Blicke der Passanten begleiten einen, wenn man durch die Hauptgeschäftsstraße und dann über das Kopfsteinpflaster des Platzes brettert. Mit einem Ferrari könnte man nicht mehr Aufmerksamkeit erregen. Dann führt die Strecke hinaus ins Grüne zu verschiedenen Schlössern und Brauereien, durch Dörfer und Obstgärten nach Kasteel van Rullingen oder zum Château de la Motte.

In Wilderen wurde die riesige Destillerie aus dem 18. Jahrhundert 2011 zu einer modernen Brauerei und Brennerei umgestaltet. Auf der weitläufigen Terrasse bietet sich eine Rast an, der Blick geht auf die historische Anlage. Für eine Führung durch die alten und neuen Gebäude mit dem passionierten, dynamischen Bierbrauer und Whiskybrenner Mike Janssen sollte man sich Zeit nehmen. Im beeindruckenden ehemaligen Speicherhaus mit 15 Meter hohem Spitzdach und unter Holzgebälk wirkt das Outfit des Bistrots wie eine Art Loft. Hier schmecken die hauseigenen Biere ebenso wie Kaffee mit Bierpralinen oder Bierkäse aus eigener Herstellung. Das maasländische Schloss Kasteel van Rullingen, inmitten üppiger Obstwiesen nahe Borgloon gelegen, ist heute ein renommiertes Hotel-Restaurant. Der Schlosspark umfasst eine Fläche von 5,5 ha und lädt zum Spazierengehen ein.

In Kerkom kann man die Flitzer im Innenhof eines Bauernhofs aus dem Jahr 1878 parken. In der Brauerei Kerkom wird das schmackhafte Regionalbier „Bink" gebraut. Zum Abschluss steht Château de la Motte in Groot-Gelmen auf dem Programm. Auf dem Weg dorthin bietet sich ein Zwischenstop im Dorf Gelmen an, denn hier befindet sich Flanderns ältestes Café aus dem Jahr 1656, „De Zwaan", das durch ein beliebtes Grillrestaurant nebenan ergänzt wird. Mit seinen vier Ecktürmen und auffallenden Treppengiebeln ist La Motte dann ein echter Hingucker, man wähnt sich im Disneyland. Die Jugendstilterrasse ist ein einladender Ort für den Genuss typischer Regionalgerichte wie dem Stoofvlees (Gulasch).

i E-Bike- und Twizy-Verleih
POMS
Ambaachtslaan 3226/Tongersesteenweg 133
3800 Sint-Truiden
Tel.: +32 (0)11 74 44 44
www.poms.be

2.17. Sint-Niklaas

Der Markt der Ballonfahrer

Es ist ein faszinierender Anblick, wenn am ersten Septemberwochenende auf dem Grote Markt in Sint-Niklaas rund hundert Heißluftballons starten und sich wie bunte Blüten über dem Platz erheben, der mit 3,2 ha Fläche der größte Marktplatz Belgiens ist.

An seiner Kopfseite bemerkenswert ist das markant weiß getünchte Rathaus mit dem viereckigen Erkerturm und den flankierenden Spitztürmchen. Das neugotische Gebäude stammt aus dem 19. Jahrhundert und hat einen 40 m hohen Belfried, der vom Wohlstand der Stadt zeugt, den sie der Textilindustrie verdankte. In der Eingangshalle befindet sich ein überlebensgroßes Standbild des Geographen, Mathematikers, Kartografen, Theologen und Philosophen Gerardus Mercator.

Das ehemalige Gefängnis und das ehemalige Pfarrhaus sind weitere schöne Gebäude am Großen Markt, die davon berichten, das Sint-Niklaas bereits im Mittelalter eine

Grote Markt in Sint-Niklaas

Der größte Marktplatz Belgiens ist wie geschaffen für Großveranstaltungen und Feste aller Art – hier das Heißluftballonfestival.

bedeutende Stadt war. Die Gebäude stammen aus dem 17. Jahrhundert. Das erste Rathaus war das Pfarrhaus und das erste Gericht hatte seinen Sitz im Gefängnis.

Am Rande des Grote Marktes steht die Sint-Niklaas-Kirche mit kunstvollem Interieur aus dem 13. Jahrhundert und einem prächtigen Kirchenschatz. Auf dem Platz finden zahlreiche Veranstaltungen für Jung und Alt statt.

Um den Platz herum harmoniert gewagte moderne Architektur mit jahrhundertealten Gebäuden, deren Panorama man von einer der vielen Terrassen aus genießen kann. Auf dem Liebfrauenplatz im Stadtzentrum steht die monumentale Liebfrauenkirche aus dem 19. Jahrhundert. Ein 6 m hohes, vergoldetes Marienbild krönt die Spitze des viereckigen Turms. Der völlig neu gestaltete Grote Markt ist wie geschaffen für einen Wochenmarkt. Bereits 1513 wurde der Pfarre von Sint-Niklaas von Kaiser Maximilian das Recht zugesprochen, einen Markt abzuhalten.

Der Markt am Donnerstag mit mehr als 170 Ständen ist einer der größten im ganzen Land. Eine Besonderheit ist der Euromarkt, der alle sechs Jahre stattfindet und auf dem Markthändler aus allen Mitgliedstaaten der EU ihre Regionalprodukte und Spezialitäten anbieten.

Dieser internationale Markt ist mit seiner europäischen Ausstrahlung in seiner Art einzigartig in Belgien.

Sint-Niklaas gilt auch als die Hauptstadt der Ballonfahrer. Die Mehrzahl der ca. 200 Ballonfahrer Belgiens wohnt in der Umgebung von Sint-Niklaas.

Nicht nur am ersten Septemberwochenende steigen vom Grote Markt die farbigen Ballons in den Sommerhimmel, sondern auch an vielen anderen schönen Sommertagen. Das Ballonfahren hat große Tradition in der Region. Bereits ab 1784 fanden die ersten Experimentierflüge mit Gasballons hier statt. Und am 4. Mai 1911 stieg der erste Ballon, nach der Region um Sint-Niklaas „Waaslander" genannt, vom Grote Markt aus in den Himmel. Der Aeroklub Sint-Niklaas wurde am 27.05.1912 offiziell gegründet.

Ballonfest in Sint-Niklaas

i Sint-Niklaas
Dienst toerisme
Grote Markt 45
9100 Sint-Niklaas
Tel.: +32 (0) 3 760 92 60
www.sint-niklaas.be

Markt in Sint-Niklaas ist immer ein besonderer Tag

NO SMOKING.
It is against the law to smoke in these premises
WHITE STAR LINE
TITANIC
45,000 TONS
"THE SHIP OF DREAMS"
HIS MASTER'S VOICE
CUNARD LINE
NEW YORK BOSTON
Metal Wall Sign

Märkte in Flandern

2.18. Regelmässig stattfindende Märkte

Antwerpen

Rubensmarkt

Grote Markt und umliegende Straßen
Am 15. August jeden Jahres

Bollekefeest und Antwerpen Proeft

Vlaamse- und Waalsekaai, Leopold de Waelplaats
www.bollekesfeest.be
www.antwerpenproeft.be
Im August

Lambertmontmartre

Leopold de Waelplaats
www.lambermontmartre.be

Brügge

Zandfeesten

Flanderns größter Antiquitäten- und Flohmarkt am „'t Zand"
Info: +32 (0)50 34 17 36

Flohmarkt

Jeden Samstag und Sonntag von 10 bis 18 Uhr am Dijver in den Monaten März bis November

Folkloremarkt

15. März - 15. November jeden Samstag, Sonntag, Feiertags und an Brückentagen sowie in den Monaten Juli und August zusätzlich freitags von 10 bis 18 Uhr

Gent

Trödelmarkt

jeden Freitag, Samstag und Sonntag von 8 bis 13 Uhr am „St. Jacobs" und am „Beverhoutplein"
Info: +32 92 21 45 28 oder www.brocantmarkt-sintjacobs-gent.be

Vogelmarkt

jeden Sonntag von 7 bis 13 Uhr auf dem „Vrijdagmarkt"
Info: +32 (0)9 221 45 28

Tiermarkt

jeden Sonntag von 7 bis 13 Uhr am „Oude Beestenmarkt"
Info: +32 (0)9 221 45 28

Blumenmarkt

täglich von 7 bis 13 Uhr am Kouter.
Info: +32 (0)9 221 45 28

Bauernmarkt

jeden Mittwoch von 15 bis 18 Uhr am Bedrijvencentrum De Punt-Gentbrugge.

Eeklo

Trödelmarkt

jeden Sonntagvormormittag am Gebrüder Van De Woestyneplein.
Info: +32 (0)92 18 29 00

Hasselt

Antik und Flohmarkt

jeden Samstag (April bis Oktober) am Kolonel Dusartplein von 8-13 Uhr.
Info: +32 (0)496 58 74 02 (Mobil)

Heusden-Zolder

Multikultureller Markt,

jeden 2. und 4. Mittwoch des Monats von 12 bis 17 Uhr.
Info: +32 (0)11 80 80 86

Kinrooi (Ophoven)

überdachter Trödelmarkt jeden Sonntag von 9 bis 16.15 Uhr, Venlosesteenweg 23

Leuven

Flohmarkt

jeden Samstag am M. de Laeyensplein und Mechelsestraat von 9 bis 18 Uhr.

Lier

Taubenmarkt

jeden Sonntag vom 02.01. bis 01.05 (Ostern findet der Markt montags statt) von 6 bis 12 Uhr am „Grote Markt“.

Lokeren

Trödelmarkt

jeden Sonntag von 6 bis 13 Uhr am „Stationsplein“
Info: +32 (0)478 94 91 01 (Mobil)

Maasmechelen

Überdachter Flohmarkt

jeden Sonntag von 10 bis 18 Uhr, Dr. Haubenlaan
Info: +32 (0)89 76 98 88

Trödelmarkt

Pauwengraaf Eisden, jeden Sonntag im Juli und August von 14 bis 18 Uhr.

Sint-Truiden

Trödelmarkt

jeden Samstagvormittag von 6 bis 12 Uhr am „Veemarkt".
Info: +32 (0)474 78 63 39 (Mobil)

Tessenderlo

Zwarte Markt

größter überdachter Markt West-Europas mit Neu- und Gebraucht-waren, jeden Sonntag und an Feier-tagen von 9 bis 18 Uhr, Essenschot-straat 8.
Info: +32 (0)13 66 15 61

Tongeren

Grösster Antik- und Trödelmarkt in Benelux

jeden Sonntagvormittag von 6 bis 13 Uhr, Veemarkt, Leopoldwal, Clarissenstraat, de Schiervelstraat, Maastrichterstraat und Hostpital-plein
Info: +32 (0)12 80 00 70

Turnhout

Flohmarkt Warande,

jeden Sonntag. April bis September 6 bis 12.30 Uhr , Oktober bis März ab 7 Uhr.

(Quelle: Flandern Tourismus)

Ballon's Day Parade in Brüssel

3. Brüssel

3.1. Märkte und Plätze in der Europastadt

Der Flohmarkt schlechthin – Place du Jeu de Balle

Marollen heißt das Viertel mit dem urtypischen Brüsseler Flair in der Nähe des Sablon Platzes und unterhalb des Justizpalastes, um die Rue Haute und die Rue Blaes herum. Flair hat insbesondere der beschauliche Platz „Place du Jeu de Balle", wo das multikulturelle bodenständige Brüsseler Leben der Einheimischen wie der Zuwanderer spürbar erhalten geblieben ist, vor allem beim Flohmarkt, der hier täglich stattfindet: Ein kunterbunter, multikultureller Treff mit viel Krimskram und allem, was der Hausrat so hergibt. Das Viertel ist nach den „Marolles" (Apostolinen) benannt, jungen Frauen, die wie die Beginen einfach und bescheiden in Gemeinschaften lebten und anderen Menschen halfen z.B. während der Pest in Brüssel.

Die Marollen sind „schräg", es ist kein Vorzeigeviertel, eher exotisch, der Ausländeranteil ist hoch, fast die

Ein klassischer Trödelmarkt in einem kuriosen und originellen Viertel von Brüssel, den Marollen. Der Markt findet jeden Tag statt.

Die Bewohner der Marollen prägen das Bild des Viertels, nur wenige Touristen verirren sich hierher.

Hälfte der Bewohner sind Einwanderer. Dieses Viertel hat seine eigene Sprache, eine verquere Mixtur aus Wallonisch, Flämisch und auch spanischen Sprachwurzeln. Das Quartier wandelt sich stetig. Der neueste Trend sind ultraschicke Boutiquen und Kunstateliers, die sich zwischen den alten, gar nicht dazu passenden, eher farblosen, Fassaden in der Rue Blaes und Rue Haute wie außerirdisch anmutende Inseln ansiedeln. Das tun auch immer mehr Händler, die vom kaum noch zu bezahlenden Sablon-Viertel, der schicken und hippen Antiquitätenszene Brüssels, hierher umziehen.

Ein „Bohème-Dasein“ ist in den Marollen „in“ geworden. Ganz anders als bei den „Ureinwohnern“ wie Marie „Caricoles“. Die über 80-jährige steht seit mehr als 45 Jahren bei jedem Wetter an ihrem kleinen Stand mit in würzigem Sud gekochten Meeresschnecken („Caricoles") vor dem Café „Wiel's Renard" in der Rue Haute. Diese Spezialität, die nicht jedermanns Sache ist, verströmt ihr Aroma, wie den Duft der Marollen. Im „Wiel's Renard", einer der selten gewordenen Stammkneipen, schauen die „Marolliens" auf ein Bier oder einen Kaffee vorbei, hier steht auch immer eine dampfende, leckere Suppe auf dem Tisch.

Die Place du Jeu de Balle mit ihrem täglich stattfindenen Flohmarkt ist das lebendige Zentrum der insgesamt sechs Quartiers der Marollen. Drumherum pulsiert das Herz der Marollen-Szene mit surrealen Ausprägungen, in Kneipen wie Chez Marcel und Chez Willy, in denen das helle Bier in Strömen fließt. Dazu verputzt man frisches rohes Gehacktes aus der Eckmetzgerei mit Zwiebeln auf Brot („Cannibale" genannt) oder die besten Weiß- und Blutwürste der Umgebung bei „Charlotte".

Im absoluten In-Café, dem „La Brocante", an einer Ecke an der Place du Jeu de Balle, dessen Sammelsurium-Interieur kaum zu beschreiben ist, geht nach dem Markt bei Livemusik die Post ab. Wer auf dem Trödelmarkt nicht fündig wird, sollte es einmal im Passage 125 Blaes in der Rue Blaes 123-125 versuchen. In

Kunst und Kitsch bis unters Dach bei Passage 125 Blaes

dem alten Belle-Époque-Kaufhaus weiß man nicht mehr, wo man hinschauen und hingehen soll. Rappelvoll sind die vier Etagen mit 1.200 m² Fläche, auf denen sich 30 Antiquitätenhändler tummeln. Oder in der Rue Haute 207 bei Haute Antiques, der laut Eigenwerbung größten Antiquitätengalerie Belgiens, die auch auf mehrere Etagen verteilt ist (www.hauteantiques207.be).

Ein prominenter Bewohner der Marollen war im 16. Jahrhundert Pieter Brueghel der Ältere. Seine letzten Lebensjahre verbrachte der berühmte Maler hier, in der Rue Haute 132, dem Haus mit dem gotischen Treppengiebel (nicht zu besichtigen).

Der Antik-Markt am Sablon

Vor dem Petit Sablon liegt der Platz Grand Sablon, eine der schönsten und mondänsten Ecken der Stadt. Der Grand Sablon ist eine Bastion der Brüsseler Aristokratie und ein angesehenes Viertel, in dem sich die besten Chocolatiers Belgiens und Europas angesiedelt haben: Neuhaus, Wittamer, Pierre Marcolini, Godiva. Sie alle öffnen die Türen zu ihren Ateliers und bieten den Gästen in zahlreichen Cafés und Restaurants famose Köstlichkeiten an. Genussvergnügen garantiert, auch bei Dandoy, der den einzig wahren, original belgischen Spekulatius vollendet herstellt. Mehrfach preisgekrönt, hat

Musik und Bier im La Brocante an der Place du Jeu de Balle

Der edle Antik-Markt am Sablon ist übersichtlich, die Schätze werden in Zeltständen angeboten.

in den letzten Jahren der Belgier Pierre Marcolini durch seinen Erfindungsreichtum und extrem hohe Qualität den Olymp der Schokoladenwelt erklommen. Sein bezauberndes Refugium an der Place Sablon in einem Eckhaus mit verzierten Fassaden ist eine im Design famos inszenierte Boutique über mehrere Etagen, Marcolinis Flaggschiff in Belgien, eine Gala der puren Verführung.

Erlesenes aus allerbesten Zutaten, ein sündhafter Genuss, formvollendet und kunstvoll verpackt, geht hier über den Tresen. Der Grand Sablon ist aber auch das Reich der Antiquitätenhändler, Juweliere, Dekorateure und Sammler. In den zahlreichen Kunstateliers wie etwa in der Rue de Rollebeek staunt das flanie-

Das Flagschiff des Chocolatiers Marcolini am Sablon

Die Verzierungen mit Statuen, Goldornamenten, Balkonen, Säulen und Giebelvorbauten sind prächtig.

rende Publikum über die kuriosen und fantasievollen Kreationen, die den Blick magisch anziehen. Samstags und sonntags findet ein luxuriöser Antik-Markt am Sablon statt, klein aber fein, mit Silberwaren, Schmuck, Kristall und vielen edlen Accessoires.

Brüssel und der „Schönste Platz der Welt“

Wer die Möglichkeit hat, sollte die Grand Place (flämisch: Grote Markt) unbedingt abends angestrahlt zu sehen bekommen (bis 2.00 Uhr nachts). Dann entfaltet sie genau jene entzückende Atmosphäre, die eine abendlich-stimmungsvolle Bühnenkulisse entstehen lässt. Die barocken Fassaden, skulpturenverziert, mit kunstvollen Giebeln gehören zu insgesamt 35 Gebäuden um den Platz, die 1695 zerstört und im 19. Jahrhundert neu errichtet wurden. Hier standen die Refugien der mächtigen Zünfte. Das Rathaus in Brabanter Gotik mit dem eleganten weißen Turm (96 m) ist das imponierendste Gebäude.

Auf der selben Seite bezeichnen die Hausnummern 8 den „Stern“, 9 den „Schwan“, das Haus der Metzgergilde (heute Edelrestaurant Maison de Cygne) und Nr. 10 den „Goldenen Baum“, das Zunfthaus der

Brauer mit dem Brauereimuseum. An der Kopfseite des Platzes steht das Ensemble des „Hauses der Herzöge von Brabant" (1882 renoviert). Auf der gegenüberliegenden Rathaus-Seite befinden sich in Nr. 20 bis 22 verschiedene Privathäuser, in denen Restaurants und Cafés untergebracht sind.

Das Haus Nr. 24/25 ist das Zunfthaus der Schneider (heute das La Chaloupe d'Or – ein Café-Restaurant mit der begehrtesten Terrasse und hohen Preisen; die Lage und der Blick entschädigen dafür), während Nr. 26/27 der Malerzunft gehörte. Das mächtigste Gebäude auf dieser Seite ist direkt vis-à-vis dem Rathaus: La maison du Roi, das Haus des Königs. Hier ist das heutige Stadtmuseum untergebracht, in dem die Geschichte der Stadt Brüssel erzählt wird, und hier sind auch die 760 verschiedenen Kostüme des Manneken Pis zu bestaunen. Im 19. Jahrhundert wurde es nach dem Vorbild des Vorgängergebäudes aus dem 16. Jahrhundert rekonstruiert. Die Besucher werden anhand verschiedener Themen wie dekorative Künste, urbane Entwicklung oder auch politisches, wirtschaftliches, kulturelles und soziales Leben in der Hauptstadt zu einer Zeitreise eingeladen.

Nebenan schließen sich bis zum Ausgang zur Rue de Beurre noch sechs kleinere Einheiten mit klassi-

Brüsseler Lebensart par excellence in den Cafés am Platz

Blick auf das Gebäudeensemble des Zunfthauses der Brauer „Maison des Brasseurs“ und den Schwan der „Maison de Cygne“ neben dem Rathaus. Auf der Spitze des Rathausturmes steht eine große vergoldete Statue des mit dem Drachen kämpfenden Erzengels Michael, dem Schutzpatron der Stadt Brüssel.

schen Fassaden an. An der anderen Kopfseite der Grand Place finden wir das Haus der Bäcker (Nr. 1), das Haus der Fettmacher (Nr. 2/3, das Zunftzeichen ist der Schubkarren) und das der Schreiner und Fassbinder (Nr. 4, mit dem Sack als Zunftzeichen). Nr. 5, die Wölfin, gehörte zu den Bogenschützen, Nr. 6, das Horn, zu den Flussschiffern (Fassade mit Symbolen der Schifffahrt geschmückt) und Nr. 7, der Fuchs, den Krämern (mit der Statue des Heiligen Nikolaus). Von der Grand Place gelangt man über die Charles Bulsstraat und die Lombardstraat zum Liebling der Brüsseler, dem Manneken Pis.

ORIGINELL: BRÜSSELS BIERKNEIPEN SIND LEGENDÄR

Es gibt sie tatsächlich noch, auch in den von Touristen frequentierten Gassen an der Grand Place, die versteckt gelegenen „Estaminets" (Schenken), Bierlokale und kleine Tavernen, die sich ihren Brüsseler Charme und ihre idyllische Atmosphäre erhalten konnten. Dazu zählt sicher der Poechenellekelder, direkt am Manneken Pis in der Rue du Chêne 5 (montags geschlossen).

Ein Ambiente, das von Manneken-Pis-Varianten und -Accessoires geprägt ist, von Marionetten und lebensgroßen, sitzenden Puppen, von niedlichen Holztischen, an denen versierte Kellner die Spezialbiere (rund drei Dutzend werden angeboten) kunstvoll in die passenden Gläser einschenken. Spezialitäten wie regionale Käseplatten oder aromatische Weißwürste munden vorzüglich dazu. Zwei weitere Tipps sind:

Eine der berühmten Adressen der Stadt ist das Bierhaus Mort Subite an der Hinterseite der Sankt Hubertus Galerien. Der Inbegriff Brüsseler Geselligkeit.

A la Bécasse

Rue de Tabora 11, eine Art Brüsseler Brauhaus mit viel gemütlichem Charme Die Spezialität ist hier ein süßes Lambic Bier. Lambic ist typisch für Brüssel und Umgebung, es ist ein Bier natürlicher Gärung ohne Hefezusatz. Berühmt sind die Sorten Gueuze, Faro und Kriek.

A l'Image de Notre-Dame

Rue Marché aux Herbes 8; Impasse des Cadeaux 3. Schweres Gebälk und urige Enge: Die älteste Bierkneipe der Stadt, in die man durch einen unscheinbaren Torbogen und Steinflur gelangt.

3.2. Comic-Markt und Comic-Fest

Der Markt basiert auf der Idee des Austauschs und der Begegnung und so haben die Besucher von 13 bis 17 Uhr die Möglichkeit, Comic-Künstler zu treffen, an verschiedenen Veranstaltungen teilzunehmen und „last, but not least" ein paar Schnäppchen aufzustöbern - feilgeboten werden sowohl neue als auch gebrauchte Comics.

Die Autogrammstunden an jedem ersten Sonntag im März, Juni, September und Dezember geben dem Markt sein besonderes Ambiente, sind sie doch Gelegenheit die „Väter" einiger der Comichelden zu treffen. Im Sommer finden sie auf der Place Saint-Géry, im Winter in den Saint-Géry-Hallen statt. Einmal im Jahr gibt es das Brüsseler Comic-Fest (Comic Strip Festival) mit Märkten, Besichtigungen, Heliumballons und Paraden in der Stadt sowie einem Licht- und Klangspektakel auf der Place Royale, die sich in eine Sprechblasenlandschaft verwandelt.

Comic-Markt

i Belgien Tourismus
Wallonie-Brüssel
Cäcilienstraße 46, 50667 Köln
Tel.: 0221 277 59 - 0
www.belgien-tourismus.de

i www.brusselscomics.be
www.bd-wallonie.be
www.tintin.com

Die Brüsseler Märkte

Grand-Place
Blumen- und Pflanzenmarkt: täglich von 8 Uhr bis 18 Uhr (außer montags und donnerstags).

Place du Grand Sablon
Antiquitäten- und Büchermarkt: samstags von 9 Uhr bis 17 Uhr und sonntags von 9 Uhr bis 14 Uhr.

Place Sainte-Catherine
Blumen- und Lebensmittelmarkt: donnerstags, freitags, samstags von 7 Uhr bis 20 Uhr. Bio-Markt (aus biologisch kontrolliertem Anbau): mittwochs von 7.30 Uhr bis 15 Uhr.

Place du Jeu de Balle
Flohmarkt: montags bis freitags von 7 Uhr bis 14 Uhr, samstags und sonntags von 7 Uhr bis 15 Uhr.

Boulevard du Midi
(zwischen der Rue Terre-Neuve und der Eisenbahn-Brücke Nord-Midi) Markt für Fahrräder und Elektro-Fahrräder: sonntags von 8 Uhr bis 14 Uhr.

Place Emile Bockstael
Gemischter Trödelmarkt, samstags von 8 Uhr bis 13 Uhr.

Chaussée d'Anvers
(zwischen der Rue Masui und dem Square Jules De Trooz) Gemischter Markt, mittwochs von 8 Uhr bis 13 Uhr.

Während des jährlichen Comic-Fests an einem Wochenende im September verwandelt sich das Zentrum Brüssels in einen Tummelplatz der Comic-Helden und ihrer Fans. Neben Ausstellungen im Belgischen Comic-Museum und im Museum Marc Sleen gehört die Ballon's Day Parade zu den absoluten Höhepunkten.

Rond-point Agora
Kunst- und Handwerkermarkt jeden Freitag, Samstag, Sonntag und an Feiertagen von 10 Uhr bis 20 Uhr.

Rue au Beurre
Ein Markt der Maler und Porträtisten: täglich von 11 Uhr bis 18 Uhr.

Place Peter Benoit
Ein gemischter Markt: freitags von 8 Uhr bis 17 Uhr.

Place Anneessens
Markt mit vielerlei Objekten, mit Ausnahme von Gebrauchtwaren: dienstags von 8 Uhr bis 13 Uhr.

Avenue Jean Palfyn
Gemischter Markt: donnerstags von 8 Uhr bis 13 Uhr.

Quai à la Houille
Ein Mikro-Markt: freitags von 16 Uhr bis 21 Uhr, samstags und sonntags von 11 Uhr bis 19 Uhr.

Um 13 Uhr startet auf dem Platz vor dem Königspalast (Place des Palais) das Defilee der Riesenfiguren, die bis zu 20 m hoch sind. Hollywood und Disneyland lassen grüßen und alle Kinderherzen schlagen höher. Die Parade zieht an der Börse vorbei bis zur Place de Brouckère, wo sie um 16 Uhr endet.

Eine neue Institution am Sablon Platz, das Comics-Café

Place Saint-Géry
Der Brüsseler Comic-Markt: jeden ersten Sonntag im März, Juni, September und Dezember von 13 bis 17 Uhr auf dem Platz Saint-Géry oder bei schlechtem Wetter in den Saint-Géry-Hallen.

Quartier Saint-Jacques
(Rue de Bonsecours)
Bio- und Handwerker-Markt: jeden Donnerstag von 12 Uhr bis 20 Uhr.

Das Comic-Dorf und sein Comics-Café

Drei Häuser am Grand Sablon Platz sind Domizile der Neunten Kunst. In diesem „Dorf" gibt es eine Buchhandlung, eine Galerie und ein Restaurant, das in einem Teil in einer gotischen Kapelle eingerichtet ist.

Schlichtweg surrealistisch! Neuheiten und Sammlungen, Lithos und Originalbildtafeln. Auf der Karte des Restaurants: Sehr spezielle Bagels, Hamburger und Brüsseler Spezialitäten.

i Place du Grand Sablon, 8
1000 Bruxelles
Tel. +32 (0)2 513 13 23
www.comicscafe.be

Mit dem gläsernen Aufzug in den Justizpalast

An der Rue de l' Epée, etwa in der Mitte der Rue Haute hat Brüssel eine Besonderheit zu bieten. Über den romantischen Platz führt der Weg zu einem modernen gläsernen Aufzug, der den Flaneur kostenlos von den Marollen in die Brüsseler Oberstadt befördert. Dort wandert sein Blick zwischen dem grandiosen Justizpalast und dem Panorama über den Dächern von Brüssel hin und her. Eben noch im ursprünglichen Altstadtviertel flaniert, bestaunen wir nun vom Plateau vor dem Justizpalast, der Place Poelaert aus (nach dem Architekten des Palastes benannt) in einem tollen Rundblick auf der einen Seite die Architektur des modernen, mondänen Brüssel Richtung Avenue Louise auf der einen und die Silhouetten der Unterstadt auf der anderen Seite. Der Justizpalast ist ein öffentliches Gebäude und zumindest die palastartige Eingangshalle mit den mächtigen Säulen, Freitreppen und dem

Die Königlichen Museen der Schönen Künste Belgiens sind ein Muss für Brüsselbesucher. Die Gebäude allein sind schon ein Kunstwerk, das gilt auch für das neue BELvue Museum neben dem Königspalast, das in einen ehemaligen Stadtpalast integriert wurde, sowie für das einzigartige Magritte-Museum, das dem großen belgischen Surrealisten gewidmet ist.

Blick auf die Place Royale, links das Musikinstrumentemuseum im Jugendstilgebäude, rechts an der Ecke des Platzes das Magritte-Museum

grandiosen Blick in die 104 Meter hohe Kuppel ist während der offiziellen Öffnungszeiten immer zugänglich. Das Bauwerk umfasst 26.006 m² bebauter Fläche, das sind noch 4000 m² Fläche mehr als der Petersdom in Rom. Er wurde 1883 fertiggestellt und besitzt über 270 Anhörungs- und Verhandlungssäle. Vom Justizpalast aus schlendern wir weiter über die Place Louise zum Boulevard de Waterloo und zur Avenue Louise, den modern-mondänen Edeleinkaufsmeilen der Stadt. Auf dem Boulevard de Waterloo reiht sich eine Nobelboutique an die andere und immer wieder laden Innenhöfe oder kleine Passagen neugierige Flaneure zum Entdecken ein. Lust auf Luxus? Die Pracht der Boutiquen von Gucci, Dior, Zegna, Versace, Delvaux – berühmt für seine seit 1829 handgefertigten Lederwaren – und vieler anderer, der Glanz der präsentierten Kleidungsstücke, Accessoires und Schmuckauslagen verwöhnt das Auge der Passanten. Das allein ist schon einen Spaziergang hier oben wert. Die Avenue Louise lockt den Besucher mit einer Vielzahl toller Geschäfte jeglicher Couleur und man merkt auf Schritt und Tritt, dass man sich in einer europäischen Metropole befindet.

Wer nicht zum Shopping aufgelegt ist, der kann vom Justizpalast aus in wenigen Minuten den Weg zu einem kleinen, aber besonders romantischen Park einschlagen. Der Egmont Park, quasi vis-à-vis dem Justizpalast, ist über drei Eingänge zu erreichen. Entweder über den Boulevard de Waterloo, die Wolstraat oder über die Grotehertstraat. Der Park ist eine Oase der Ruhe, mit Bronzestatuen und gotischem Brunnen ausgestattet. Vom Egmont-Park aus überqueren wir die Wolstraat und erblicken einen der schönsten Plätze der Stadt, den „Petit Sablon“ an der Rue de la Régence. Sofort fallen uns die Säulen mit grazilen Bronzefiguren auf, die den Park mit der gusseisernen Umzäunung einrahmen, 48 an der Zahl, welche die Brüsseler Zünfte darstellen. 1890 wurde der Platz des „Kleinen Zavel“ eingeweiht. Im hinteren Teil der Parkanlage stehen die zehn Statuen großer Humanisten des 16. Jahrhunderts sowie die Statuen der Grafen Von Egmont und De Hornes.

Auf der anderen Seite, gegenüber dem Petit Sablon, liegt das elegante Palais Egmont aus dem 16.–17. Jahrhundert, das heute Veranstaltungsort vieler internationaler Konferenzen ist. Wir wenden uns nun auf der Regentschapsstraat, die direkt vor dem Justizpalast beginnt, in Richtung Place Royale und königliches Viertel. Dieses kulturelle Herz von Brüssel ist eine absolute Sehenswürdigkeit. Die Museen haben Weltrang: das Magritte Museum, das BELvue Museum zur Geschichte Belgiens und seiner Monarchie sowie die Königlichen Museen der Schönen Künste Belgiens, der „Louvre“ Brüssels, der in den schneeweißen Palästen am Fuße der Place Royale untergebracht ist. Von der Place Royale mit ihrer blütenweißen Fassaden im Louis-XVI-Stil haben wir eine schöne Aussicht über den Kunstberg hinweg auf die Altstadt mit dem grandiosen Rathausturm der Grand Place. Ein Stück weiter vom Platz weg betreten wir gegenüber dem Königspalast den Parc de Bruxelles. Am Eingang des Parks lassen wir uns ein wunderbares Panorama nicht entgehen und blicken zurück über die weiße, symmetrisch angelegte, Place Royale mit der Reiterstatue Gottfrieds von Bouillon in der Mitte und die Regentschapsstraat bis zur gigantischen Kuppel des Justizpalastes am Horizont. Vom Park aus wandert der Blick hinüber zum belgischen Königspalast, der von Ende Juli bis Anfang September zeitweise für das Publikum geöffnet ist. Die Gartenanlage ist im französischen Stil entworfen, mit prächtigen Kastanienbäumen, Wasserbassins, einem Musikpavillon und weißen Statuen.

ORIGINELL: DIE COMIC-ROUTE

Sie macht es möglich Brüssel in Begleitung von Tim und Struppi, Asterix und Lucky Luke zu entdecken.

Die belgischen Comic-Helden wie Tim und Struppi, Lucky Luke oder Blake & Mortimer scheinen aus den Abenteuergeschichten herausgeklettert zu sein, um ihre Stadt zu erobern, überlebensgroß sind sie auf vielen Hauswänden der Metropole sichtbar. Die bunten Bilder und Sprechblasen in Brüssel zu entdecken ist wohl einmalig, es ist, als würde man in einem riesigen Comic-Band blättern.

Nicht nur Fans werden entzückt sein, wenn hinter einem belebten Platz, an einer Straßenecke, in einem Museum oder auf einer Kirchenfassade die Helden aus den Jugendtagen auf einen herabblicken. Wer die so genannte Neunte Kunst noch nicht kennt, kann das in Brüssel bestens nachholen. Denn der Comic ist in der Hauptstadt unübersehbar.

In der „Hauptstadt des Comics" blicken die Helden von den Häuserwänden auf die Passanten.

Der Rundgang dauert etwa zweieinhalb Stunden ohne Zwischenstopps. Er beginnt an der Grand Place, führt durch die königlichen Galerien, an der Kathedrale St. Michael und St. Gudula vorbei zum Belgischen

Comic-Museum, dem Jugendstil-Prachtbau Victor Hortas, danach zur Place de Brouckère und in die Trendviertel um die Kirche St. Cathérine (Fischmarkt) und die Rue Dansaert, dann wieder zurück Richtung Grand Place mit einem Schlenker ins urtypische Marollen-Viertel, zur Place Sablon, zum Palais Royal und dem Kunstberg.

Alles in allem ist der Rundgang also gespickt mit den Juwelen Brüsseler Architektur und belebt von rund vierzig Comic-Motiven unterschiedlicher Künstler, die an den ungewöhnlichsten Ecken plötzlich auftauchen (in ganz Brüssel mögen es gut hundert Comic-Fassaden sein).

Die Dimensionen der bunten Gemälde können sich sehen lassen. Urplötzlich steht man vor Lucky Luke, dem schlacksigen, lässigen Cowboy, der in der Washuisstraat unweit der Börse von einem der größten Wandbilder (180 m^2) herabschaut, ein Klassiker des belgischen Comicstrips. Etwa 50 Meter entfernt ist das größte in Brüssel angefertigte Wandbild zu sehen: Es ist kein Geringerer als Asterix beim tüchtigen Vermöbeln der Römer.

Zwei belgische Berühmtheiten sind in der Brüsseler Öffentlichkeit in unmittelbarer Nähe verewigt, Manneken Pis und Tim, letzterer ist auf einer Comic-Hauswand an der Lombardstraat auf einer Leiter zu sehen, zusammen mit Kapitän Haddock und Struppi. Hergé hatte dieses unauffällige Bildkästchen in einem seiner berühmten Alben, „Der Fall Bienlein“ (1956) gezeichnet.

Im hippen und stylischen Modeviertel an der Rue Dansaert trifft man in der Hopstraat auf Edgar P. Jacobs, der mit den hier zu sehenden Figuren Blake & Mortimer zum Mythos der Comicwelt geworden ist.

Antiquitätenviertel Grand Sablon

Märkte in Brüssel

3.3. Regelmässig stattfindende Märkte

Brüssel

Flohmarkt

Montag bis Freitag von 7 bis 14 Uhr am „Place du Jeu de Balle", Samstag und Sonntag von 7 bis 15 Uhr

Antiquitätenmarkt

„Marché des Antiquaires du Sablon“ jeden Samstag von 9 bis 17 Uhr, jeden Sonntag von 9 bis 14 Uhr, Place du Grand Sablon
Info: +32 (0)2 478 23 16

Trödelmarkt

Jeden Sonntag von 7 bis 13 Uhr am „Quai des Usines“ entlang des Kanals zwischen Pont de Laeken und Pont de Praet, Automarkt
Info: +32 (0)485-25 90 76 (Mobil)

L'Art de vivre in Arras

4. Die schönsten Märkte und Plätze im angrenzenden Frankreich

4.1. Nord-Pas-de-Calais

Arras

Marktfest auf zwei der schönsten Plätze Frankreichs

Arras besitzt gleich zwei wunderschöne Marktplätze, die Grand'Place und die Place des Héros (Heldenplatz). Der Samstagsmarkt findet morgens auf dem Heldenplatz, der Place de la Vacquerie (hinter dem Rathaus) und auf einem Teil der Grand'Place statt. Mit all den hervorragenden Regionalprodukten und Spezialitäten ist er ein Fest der Lebensfreude vor umwerfender, einzigartiger Kulisse.

Schon im 9. Jahrhundert wurden hier Märkte abgehalten. Die Galerien unter den heutigen Arkaden bestanden bereits und boten den Händlern Schutz vor Wind und Regen. Die Hauptstadt des Artois hat ca. 45.000 Einwohner und ist ein architektonisches Juwel der Region Nord-Pas-de-Calais. Die Gründung der Stadt geht auf die Römerzeit zurück.

Damals hieß Arras Nemitacum. In der befestigten Burg ließ Caesar 51 v. Chr. seine Truppen überwintern. Die eigentliche Stadt Arras entwickelte sich später, um 650 rund um die Abtei von Saint-Vaast an den

Ein prächtiger, bunter Wochenmarkt verwöhnt die Besucher samstagsmorgens in Arras. Über Jahrhunderte hat sich diese Tradition in der wunderschönen Stadt entwickelt.

Wundervolle Giebelfronten an der Grand'Place, überragt vom benachbarten Belfried am Heldenplatz

Mäandern des Flusses Crinchon. Seine größte Blütezeit erlebte Arras im 14. Jahrhundert mit dem Silberhandel und der Tuchherstellung sowie im 15. Jahrhundert mit der Fabrikation von Tapisserien, die in der ganzen Welt bekannt wurden und in Italien unter dem Namen Arrazzi berühmt waren.

Arras' Marktplätze bilden ein in Europa einzigartiges architektonisches Ensemble. Die Häuser um den großen Marktplatz und den kleineren Heldenplatz stammen überwiegend aus dem 17. und 18. Jahrhundert. Viele sind Stein für Stein nach Vorlagen alter Fotografien in einer aufwendigen und bis dahin beispiellosen Restaurierung unter der Leitung des Architekten Pierre Paquet nach dem Ersten Weltkrieg wiederaufgebaut worden.

Der Architekturstil dieser Plätze mit ihren verschiedenen Giebelhäusern und Motivverzierungen ist charakteristisch für Marktplätze in Nordeuropa. Sie erscheint zwar einheitlich, ist aber nicht monoton, denn kein Haus gleicht dem anderen. Insgesamt sind es auf einer Fläche von insgesamt 17.000 m^2 155 durch 355 Säulen verbundene Gebäude im flämischen Barockstil.

GRAND'PLACE

Die meisten Häuser an der Grand'Place gehörten früher den Kornmachern. Das erklärt auch viele Motive der Fassadendekorationen in Form von Weizenähren über den Türöffnungen. Das älteste Haus, die Nr. 47, das Hotel Trois-Luppars, stammt aus dem Jahr 1467 und hat keinen typischen Voluten-Giebel. Die weißen Fassaden sind mit Eichenblätter-Motiven dekoriert. Die Giebel an der Grand'Place sind keine stufigen Treppengiebel, sondern sie sind durch Veluten gekennzeichnet.

ORIGINELL

• Arkaden über einem Höhlenlabyrinth

Es ist allein schon eine Reise wert unter diesen über 1000 Jahre alten Arkaden zu wandeln, sich in einem der zahlreichen Cafés oder Restaurants niederzulassen und dabei eine einmalige Atmosphäre zu genießen. Auffällig unter den Arkadengalerien sind die Eingänge zu alten Höhlen, die sich praktisch unter dem ganzen Stadtkern erstrecken. Sie gehen bis in 10. Jahrhundert zurück. Man nennt diese unterirdischen Keller „Boves".

Über die Jahrhunderte ist ein ganzes Wegelabyrinth entstanden, das man heute mit Führungen besichtigen kann. Es ist eine sehr interessante Erfahrung, auf diese Art die alte Stadt kennenzulernen. Teilweise dienen diese Höhlen heute noch als Weinlager.

• Der Wellington-Steinbruch – Ein faszinierendes Memorial

Es war eines der tollkühnsten Manöver des Ersten Weltkriegs: Um die deutschen Truppen zu überraschen, legten die Alliierten ein Tunnelsystem in den ehemaligen unterirdischen Kreidesteinbrüchen von Arras an. 24.000 Mann versteckten sich 1917 hier in Höhlen und schlugen dann überraschend zu. Ein Archäologe hat die Gewölbe wiederentdeckt, die heute eine zu besichtigende Erinnerungsstätte sind, die Gänsehaut auslöst.

Die wunderbare Einheitlichkeit täuscht, jedes Haus mit dem typischen Giebel im flämischen Barock über den Arkadensäulen ist im Detail anders gestaltet. Es gibt nicht nur viele Verzierungen zu entdecken, sondern auch die Eingänge zu den Höhlen unter dem Platz.

Place des Héros

Der kleinere Heldenplatz wird charakterisiert durch den berühmten gotischen Belfried und das Rathaus. Die Turmkrone ist die gleiche wie die auf dem Rathaus von Oudenaarde im nahen Belgien. Auf der Spitze des 75 m hohen Belfrieds thront ein sieben Meter hoher goldener Löwe, das Wappentier der Region Artois.

Der Turm wurde schon 1888 vom Dichter Paul Verlaine beschrieben: „Schön und hoch über das Land erhebt sich kühn der übergroße Turm eines gotischen Bergfrieds vor dem schwebenden Himmel und zeugt von den Pflichten und Rechten der Vergangenheit; und zuoberst brüllt der große Löwe von Flandern grau-golden in die Lüfte der modernen Zeit: Habt den Schneid und nehmt ihn ein!“

Die Abtei Saint-Vaast und die Kathedrale bilden das bedeutendste religiöse Gebäudeensemble des 18. Jahrhunderts in Frankreich. Die gigantischen Ausmaße zeugen von der Rolle, die die Abtei im Laufe der Jahrhunderte im ökonomischen wie religiösen Umfeld, aber auch kulturell und künstlerisch einnahm. Die Kathedrale im neoklassizistischen Stil beherbergt einige Schätze (Heiligenstatuen aus dem Pantheon, Tapisserien aus Aubusson, Bischofsgrabmale, ...) sowie einige bemerkenswerte Art-déco-Kunstwerke. Einen Großteil der Abtei nimmt heute das Musée des Beaux-Arts, das Museum der Schönen Künste ein. Die von Vauban errichtete Zitadelle ist seit 2008 ebenfalls Teil des Unesco-Weltkulturerbes „Festungsanlagen von Vauban”.

i Office de Tourisme d’Arras
Place des Héros
62000 Arras
Tél. +33 (0)3 21 51 26 95
contact@explorearras.com
arras-tourisme@wanadoo.fr
www.ot-arras.fr

Ausflugstipp

Die Somme-Bucht

In der Picardie, einer kaum bekannten Region unweit von Arras, versteckt sich eine der schönsten Buchten der Welt – die Mündung der Somme. In diesem Naturschutzgebiet gedeihen die grandiosesten Miesmuscheln, leben glückliche Salzwiesenlämmer, Robben und Tausende von Vogelarten.

Die Spätsommersonne, die sich in ihrem Lauf Richtung Ärmelkanal neigt, lässt die Wasserflächen der Tümpel, Moore und Sümpfe bei Ebbe in der Bucht zu flirrenden Spiegeln werden, kilometerweit fließen sie in den Horizont hinein. Keine Fata Morgana, sondern Land und Wasser in purer Poesie vereint, die selbst Vielgereiste noch überwältigt. Im rasanten Galopp gleiten drei Reiter auf ihren Hensen-Pferden, einer picardischen Rasse, an den endlos erscheinenden Dünenhügeln des Marquenterre entlang, allein in dieser zauberhaften, stillen Natur.

Es ist September und auch vereinzelte Strandspaziergänger verlieren sich in der riesigen Weite zwischen Sand und Meer. Selbst im Juli und August ist es hier angenehm ruhig. Eine ungewöhnliche Idylle, die auch die scheuen Robben weit oben an der Mündung zur offenen See auf ihren Sandbänken sichtlich genießen. Nicht nur sie gehören zur unverfälschten Fauna und Flora dieses Küstenstrichs.

Auf einer geführten Wanderung oder auf dem Rücken eines Pferdes, entdeckt man den ganzen ökologischen Reichtum der Bucht, einen kleinen Garten Eden. „Wir leben von und mit der Somme, der Natur und dem Meer", sagt Michel Delabie, ein Muschelzüchter, dessen Bänke ein paar Kilometer außerhalb der Bucht im Meer liegen.

Delikatessen

In der Erntezeit fahren sie jeden Tag eine halbe Stunde weit mit dem Traktor hinaus zu der riesigen Armee von Holzpflöcken, die bei Ebbe wie in einer Parade aus dem Meer ragen und die köstlichen

Im Naturschutzgebiet der Somme-Bucht wachsen die besten Miesmuscheln, leben glückliche Salzwiesenlämmer, Robben und Tausende von Vogelarten.

Heimische Henson-Pferde und Schafe in der Somme-Bucht

„moules de bouchot“ in Netzen um den Bauch tragen. Diese kleinen schwarzen Miesmuscheln gelten als absolute Delikatesse, aromatisch, zart und wohlschmeckend. Kein Wunder, dass sie auf jedem zweiten Restauranttisch an der picardischen Küste als berühmte „moules frites“ zu finden sind, und das zu durchaus günstigen Preisen. Nicht minder begehrt bei den Feinschmeckern ist das Fleisch der Salzwiesenlämmer aus der Somme-Bucht.

Das „Agneau de pré-salé“ ist einzigartig in Qualität und Geschmack. Süß- und Salzwasser kommen in der Bucht zusammen. Daraus entsteht eine besondere maritime, bei Flut vom Meer überspülte Vegetation, die Hauptnahrung der hier grasenden Lämmer. Die Somme-Bucht ist mit einer Fläche von 7200 Hektar, die sich über 14 Kilometer in der Tiefe und fünf Kilometern in der Breite erstreckt, die größte Mündung Nordfrankreichs und in weiten Teilen naturgeschützt. Sie zählt zu den schönsten Buchten der Welt und befindet sich in illustrer Gesellschaft (www.world-bays.com).

Inmitten des Naturparks „Baie de Somme“ liegt der Parc du Marquenterre, ein ausgedehntes Vogelschutzgebiet direkt am Meer. „Tausende von Zugvögeln, die von Skandinavien nach Mauretanien unterwegs sind, machen im Marquenterre Station“, erläutert Philippe Carruette, der Ornithologe des Parks. „Bis zu 20000 Vögel leben hier in natürlicher Umgebung“. Auf den Besucher warten sechs Kilometer beschilderte Küstenrundwege in der geschützten Natur. Immer wieder bieten sich Möglichkeiten, die natürliche Vogelwelt von exponierten Positionen aus zu beobachten.

Saint-Valéry-sur-Somme

Das alte Fischerörtchen Saint-Valéry-sur-Somme mit mittelalterlichem Stadtkern erstreckt sich an der Somme-Mündung.

Von der Altstadt hoch oben über dem Ort hat man einen famosen Fernblick über die Bucht und hinüber nach Le Crotoy. Zahlreiche kleine Restaurants bieten gute Fischgerichte und Meeresfrüchte. Spaziergänger können die Bucht entlang bis zum äußersten Zipfel „Le Hourdel“ Richtung offenes Meer spazieren. In diesem Landstrich steckt eine Menge Kultur und Architektur, darunter etliche Kirchen, Abteien und Schlösser.

Von Aachen aus sind es etwa 400 Kilometer bis zur Küste der Picardie, die etwa siebzig Kilometer lang ist. Wenn das Wetter nicht mitspielt, gibt es eine Vielzahl an alternativen Freizeitgestaltungen.

Das Vogelnaturschutzgebiet Marquenterre an der Sommebucht, direkt am Meer

Die Kathedrale von Amiens, die größte und imposanteste Kirche Frankreichs, zählt zum Weltkulturerbe der Unesco. Amiens selbst, die Wahlheimat Jules Vernes, strotzt vor Charme und Lebensart.

Unterkunfts-Tipps

Résidence Pierre & Vacances
Le Crotoy
www.pierreetvacances.de
Komfortable Ferienresidenz, direkter Zugang zur Somme-Bucht und zum Strand.

Comité du Tourisme de la Somme
Tel. : +33 (0)3 22 71 22 71
www.somme-tourisme.com
oder
www.picardietourisme.com

Le Touquet Paris-Plage

Die Markthallen am Meer

An die belgische Nordseeküste grenzt die französische Region Nord-Pas-de-Calais mit den beiden Steilküsten „Cap Blanc Nez" und „Cap Gris Nez", einzigartige Naturformationen. Gut eine Stunde entfernt liegt eines der mondänsten Seebäder dieser Region und ein besonderes Ferienziel, Le Touquet Paris-Plage. Le Touquet wird gerne in einem Atemzug mit Städten wie Deauville oder Biarritz genannt, die ihrem Ruf als luxuriöse Badeorte alle Ehre machen. In der Tat ist Le Touquet mit seinen Villenvierteln und seinen herrschaftlichen Häusern außergewöhnlich. Diese eleganten Bezirke, die mit ihren vielen Villen und Bungalows sehr gediegen, jedoch nicht protzig wirken, die an Alleen angrenzenden großzügigen Grundstücke unter hohen Bäumen umgibt eine besondere Aura.

Ganz anders als zum Beispiel an der Côte d'Azur hat man hier auf hohe Mauern und Zäune verzichtet, die die Grundstücke vor den Blicken der Passanten verstecken. In der Mitte des 19. Jahrhundert wurde in Le Touquet ein großer Pinienwald angepflanzt, der an Wälder im Südwesten Frankreichs erinnert und der Stadt noch heute ihren parkähnlichen Charakter verleiht. Durch diese idyllischen Villenviertel mitten im Grünen zu schlendern oder mit dem Rad hindurchzufahren, ist eine wahre Freude. Im Zentrum von Le Touquet reihen sich edle Boutiquen aneinander. Hierhin kommen denn auch die Urlauber oder Wochenendausflügler aus dem nahen Paris zum Shoppen und Genießen unmittelbar am Meer. Die Geschäftsstraßen mit den vielen kleinen Restaurants und hübschen Läden sind beim modebegeisterten Publikum sehr beliebt, das hier besonders viel Eleganz vorfindet. In den Gassen buhlen Designrestaurants neben klassischen Bistros um die Gunst der Gäste. Der mondänen Atmosphäre von Le Touquet kann

Der Markt in Le Touquet hat wegen der originellen Architektur der Halle eine besondere Aura.

man sich kaum entziehen. Sie ist einzigartig in den Küstenorten der Côte d'Opale, der Opalküste. Die Architektur im normannischen Stil (oft vom Beginn der 1920er Jahre) erinnert bereits an die nahe Normandie. Le Touquet hat alles zu bieten, was ein mondäner Badeort braucht: Ein Casino, eine Pferderennbahn, Golfplätze und sogar einen Flughafen.

Im Palais de l'Europe an der Avenue du Verges befindet sich das Casino sowie das lokale Fremdenverkehrsamt. Hier wirkt alles sehr, sehr grün und erfrischend. Gegenüber dem Casino liegt das Westminster Hotel, das erste Haus am Platz mit dem gediegenen Charme eines First-Class-Hauses, in dem auch viele berühmte französische Schauspieler, Größen aus Politik und Gesellschaft absteigen.

Die Uferpromenade von Le Touquet dagegen ist überraschenderweise gar nicht so mondän und im Vergleich zum Zentrum dieses schicken Badeortes eher langweilig. An allen Ecken werden in Le Touquet Paris-Plage die exzellente französische Küche und die vielen Regionalprodukte, vor allem auch die Meeresfrüchte, genossen. Das bekannteste Fischlokal an der Küste ist „Chez Pérard" in der Rue de Metz, gerühmt für seine einzigartige Fischsuppe, ein Pendant zur Bouillabaisse aus dem Süden. Im Restaurant werden edelste Meeresfrüchte und

Fischgerichte serviert. Im Laden nebenan können sowohl die hausgemachten Suppen als auch frischer Fisch und Meerestiere gekauft sowie an der Austernbar Variationen der Schalentiere bei einem Lunch oder als Snack verköstigt werden.

In der Rue de Metz ist eine ganze Reihe von klassischen Bistros ansässig, die vom Publikum frequentiert werden. Die sich anschließende Rue Jean Monnet führt zum überdachten Markt von Le Touquet, dem „Marché Couvert“ (1932), der durch seine Architektur in Form eines Halbmondes, einer Halbkreisgalerie, mit Arkadengängen und markanten Spitzdächern über Rundbögen im nomannischen Stil, die die Arkaden unterbrechen, beeindruckt. Die schützenden Gewölben erheben sich hoch über die Marktstände. Hier findet das Genießerherz alles, was die Gaumenfreuden anregt.

Der Samstagsmarkt findet nicht nur im überdachten Palais statt, sondern auch auf dem Platz dahinter sowie in der Rue Jean Monnet und den angrenzenden Gassen, so dass dieses Viertel vor allem am Samstagmorgen einer einzigen Flaniermeile des Genusses gleicht. In der herrlichen Luft und bei leichter Meeresbrise fühlt sich diese Lebensart bestens an. Markt ist hier zudem noch donnerstags.

Flaniermeile in Le Touquet am Westminster Hotel

Fischrestaurant und Fischhändler im Nord-Pas-de-Calais: Chez Pérard, eine Institution für Feinschmecker

i Chez Pérard
67, rue de Metz
F - 62520 Le Touquet
Paris-Plage
Tel.: +33 (0)3 21 05 13 33
www.restaurantperard.com
www.letouquet.com

Die Fischer von Etaples und der Heringsmarkt

Nur ca.10 Minuten von Le Touquet entfernt liegt eines der kleinen Fischerdörfer dieser Küste, Etaples, das zu den wenigen Orten gehört, die noch eine kleine Fischereiflotte besitzen. Auf dem Markt in Etaples kann man an den kleinen Steinbuden frischen Fisch zu moderaten Preisen kaufen. Sie sind noch in familiärer Hand, die Familienmitglieder der Fischer bieten die Waren an, die am Kai vor den Marktständen täglich frisch angeliefert werden. Der Fischerort Etaples ist bekannt für das jährliche, im November stattfindende „Fest des Königs Hering" (Fête du Hareng Roi"). Ein traditionelles Fest rund um diesen schmackhaften und gesunden Fisch. Fischerfrauen und Seeleute sind in traditionelle Trachten gekleidet. Sie bieten am Kai gegrillten, geräucherten oder marinierten Hering zum Verkosten an. Dazu werden Pellkartoffeln serviert oder großzügig mit Butter bestrichene Brote, schwarzer Kaffee und Glühwein. Im November ist Heringszeit und die Netze sind gefüllt. Man feiert dieses Fest auch, weil im 19. Jahrhundert die Heringsbestände in Nord-Pas-de-Calais gegen die Hungersnöte halfen, die Europa trafen. Beim Fest des Herings in Etaples wärmen die Feuer im kühlen November ebenso wie der Gesang der Seemänner. Im Fischereihafen-Restaurant von Etaples kehren Feinschmecker das ganze Jahr über gerne ein, um frische Fischgerichte zu moderaten Preisen und den Rundumblick auf den kleinen Hafen und die Boote zu genießen.

Ein Fischmarkt der selten gewordenen Art. Die Familienmitglieder der Fischer verkaufen die frisch angelieferten Meeresprodukte am Kai direkt an die Konsumenten Frankreich „at its best".

i Office de Tourisme
F - 62630 Etaples
Tel : +33 (0)3 21 09 56 94
www.etaples-tourisme.com

Lille

Braderie – Muschelberge allüberall

Die Geschichte der Braderie geht bis ins 10. Jahrhundert zurück, als die Händler nach Maria Himmelfahrt ihre Produkte ausnahmsweise während des Jahrmarkts in der Stadt (Foire de Lille) oder auf dem freien Markt anbieten durften. Die ersten schriftlichen Hinweise auf die Braderie von Lille stammen aus dem Jahre 1127.

1446 entschieden sich zwei Geflügelhändler, Godin Maille und Pierre Tremart, auf dem Jahrmarkt einen Stand zu eröffnen, um mit öffentlicher Autorisierung Heringe und gebratene Hähnchen zu verkaufen. Im Flämischen heißt braten „braden". Es ist also naheliegend, dass die „Braderie" daher ihren Namen hat. Die Erscheinungsform der Braderie wurde mehrmals in ihrer Geschichte geändert.

Zu Beginn des 16. Jahrhunderts wurde sie mehr und mehr zu einem Flohmarkt, weil u. a. die Hausdiener das Recht hatten, zwischen Sonnenuntergang und Sonnenaufgang gebrauchte Gegenstände ihrer Herrschaften zu verkaufen.

Das Hafen-Fischrestaurant in Etaples über der Fischhalle

Während des 19. Jahrhundert kamen die Bürger, gefolgt von Straßenhändlern, von außerhalb, um ebenfalls auf dem Markt ihre Gegenstände zu verkaufen. Zwischen dem Ende des 19. und dem Beginn des 20. Jahrhundert hielten die Pommes frites Einzug auf dem Markt, danach kamen die Miesmuscheln.

Die Braderie von Lille findet in den Straßen des gesamten Stadtzentrums statt. Sie ist der größte und berühmteste Flohmarkt Europas und wahrscheinlich eine der Veranstaltungen in Frankreich, die hier und in den benachbarten Ländern die größte Bekanntheit haben. Jedes Jahr kommen nahezu zwei Millionen Besucher aller Nationalitäten nach Lille, um auf der Suche nach einem Schnäppchen oder nach kleinen Schätzchen beim Klang der Musik durch die Straßen zu flanieren. Die zahlreichen Animationen und Programme finden von Samstag 14 bis Sonntag 23 Uhr durchgehend statt. Moules frites (Miesmuscheln mit Pommes frites) ist die Spezialität, die diesen Markt auch berühmt gemacht hat. Das Besondere dabei ist ein Wettbewerb der verschiedenen Restaurants der Stadt, die darum wetteifern, wer den größten Berg mit leeren Muschelschalen vor dem Restaurant auftürmen kann.

4.2. Französische Ardennen (Ardennes-Champagne)

Charleville-Mézières

Bühne der Marionetten

Alle drei Jahre im September ist Charleville-Mézières die „Welthauptstadt“ des Marionettentheaters.

Über 10 Tage lang verwandelt sich die Stadt dann in ein einziges buntes Theater. Die Geschäfte und Schaufenster sind mit Puppen- und Puppenbühnen geschmückt. Bis zu 50 Bühnenplätze überall im Ort können für die Aufführungen genutzt werden. Es werden über 500 Vorstellungen von mehr als 250 Marionettenkünstlern aus aller Welt geboten.

Das Festival gibt es seit 1961. Die Vielfalt der Puppen ist märchenhaft, alle Farben, tausend Gesichter, Holz und Gips, Tuch- und Brokatkostüme, ein kunterbuntes Puppenvolk, Figuren aus aller Welt, viel Kultur, Musik und Begegnung in einer für Jung und Alt berauschenden Atmosphäre. An der Place Winston Churchill steht der einmalige „Grand Marionnettiste“, Sinnbild für die

Blick vom Brunnen auf der Place Ducale in Richtung Rimbaud-Museum. Das einheitliche Ensemble des Platzes erinnert an die Place des Vosges in Paris.

Für den Architekten Clément Métézeau war wohl die Zahl vier bei der einheitlichen Prägung des Platzes bedeutend. Vier Straßen führen zum viereckigen Platz, an jeder Seite eine. Zwischen den Zugängen dieser Straßen befinden sich immer vier Häuser direkt nebenaneinander, mit vier Etagen und je vier Fenstern pro Stockwerk bzw. unten vier Arkadenbögen.

Kunst des Marionettenspiels. Die 10 m hohe Messingfigur ist eine gigantische Spieluhr. Ihr Bauch öffnet sich stündlich und gibt eine kleine Puppenbühne frei. Eine Stimme ertönt und kündigt die Geschichten der legendären vier Haimonsbrüder an. Dann öffnet sich der Bühnenvorhang.

In Charleville-Mézières gibt es eine Hochschule für Marionettenkunst sowie das renommierte Internationale Marionetten-Institut an der Place Winston Churchill. Die Hauptstadt des Département Ardennes entstand 1966 aus der Zusammenlegung der beiden Städte Charleville und Mézières. Was nicht viele wissen ist, dass diese Stadt einen der schönsten Plätze Europas zu bieten hat, vergleichbar nur mit der Place des Vosges in Paris.

Eingebettet in den Stadtkern von Charleville, ist der Platz in der Enge der Straßenzüge erst gar nicht zu bemerken, und plötzlich, über eine der vier engen Zugangsstraßen, befindet man sich mitten auf der großartigen Place Ducale, dem Herzogsplatz. Die Konturen seiner Gebäude sind von seltener Klarheit. Rund um den Platz versetzen die gleichmäßigen Gewölbearkaden den Flanierenden in eine vergangene

Zeit. Die Gebäudeanordnung hält sich streng an Fluchtlinien. Durchgehend ockergelber Bruchstein und grauschwarz eingedeckte Schieferdächer (aus den Brüchen der Umgebung) geben ein klares und geschlossenes Bild ab.

Für den Architekten Clément Métézeau war offenbar die Zahl vier bei der einheitlichen Gestaltung des Platzes bedeutend. Vier Straßen führen zum viereckigen Platz (127 m x 90 m), an jeder Seite eine. Zwischen diesen Straßen befinden sich immer vier Häuser nebeneinander, mit vier Etagen und je Stockwerk vier Fenstern bzw. unten vier Arkadenbögen. Nur an einer Seite befindet sich heute ein Gebäude, das aus dem Rahmen fällt: das Rathaus. Es steht an der Stelle, wo ursprünglich der Palast des Herzogs Charles de Gonzague erbaut werden sollte. Ihm verdankt Charleville seine Entstehung, seinen Wohlstand und seine Architektur. Kaum 20 Jahre alt, erfüllte sich der Herzog seinen Traum: Zusammen mit dem erst 25-jährigen Architekten Métézeau baute er 1606 eine neue Stadt. Métézeau (kein geringerer als der Bruder des Architekten der Place des Vosges in Paris) entwarf den völlig neuartigen Plan einer Stadt auf einer rechteckigen Fläche von 500 m x 700 m, aufgeteilt in vier gleichgroße Stadtviertel. Charleville sollte das „Tor nach Frankreich" darstellen, im Zentrum sollte der herzögliche Platz stehen. Dazu war Geld nötig und Charles de Gonzague förderte kraft seiner Ämter den Aufstieg Charlevilles zur wohlhabenden Handelsmetropole. Sein Standbild hat einen neuen Standort in der Fußgängerzone gefunden. Diplomatisch mit dem Blick zur Place Ducale ausgerichtet, wendet er weder Charleville noch der Schwester Mézières den Rücken zu.

City-Trip Charleville-Mézières

Auf der Place Ducale bieten sich einmalige Perspektiven auf die Architektur der Stadt. Der Platz ist ringsum gesäumt mit Cafés und Geschäften, die unter den Arkaden idyllisch geschützt sind. Von der Mitte des Platzes aus entdeckt der Spaziergänger das Museum des berühmten Dichters Arthur Rimbaud, der 1854 hier geboren wurde.

Die ehemalige Mühle, die aber eigentlich ein Torbau ist, liegt direkt an der Maas. Sie ist im selben Stil erbaut wie die Gebäuden des Herzogsplatzes, was architektonisch ein harmonisches Bild ergibt, wenn man den Blick vom Platz über die Rue Moulin Richtung Maasufer schweifen lässt. Rimbaud wurde weltbekannt durch seine Werke „Das trunkene Schiff" und „Ein Jahr in der Hölle". Aber auch sein unsteter Lebenswandel und seine Freundschaft mit dem nicht minder begabten und melancholischen Schriftsteller Paul Verlaine trugen zu seiner Aura bei.

Direkt neben dem Museum, am Quai Arthur Rimbaud 7 liegt das Haus, in dem er von 1869 bis 1875 lebte und an der Place de l' Agriculture 4 sein Gymnasium, wo heute die städtische Bücherei untergebracht ist. Das Geburtshaus befindet sich in der Rue Pierre Bérégovoy 12 und sein Grab am Eingang des alten Friedhofs in der Avenue Charles Boutet. Ein Besuch des an der Hinterseite der Place Ducale gelegenen Ardennenmuseums (Musée de l'Ardenne) mit seinen modernen Gebäudeelementen lohnt sich. Es ist durch einen Torbogenzugang direkt vom Herzogsplatz zu erreichen und grenzt an der anderen Seite an den romantischen Winston-Churchill-Platz. Seit 1994 besteht diese einmalige Sammlung aus architektonischen, geschichtlichen und archäologischen Seltenheiten wie Münzen, Fayencen und Waffen. In diesem Museum werden Legenden und Geschichte des Ardenner Waldes, von Eisen-, Schiefer- und Keramikepochen aus der Vorzeit bis heute aufgearbeitet und präsentiert.

Mézières

Die alte Garnisons- und Festungsstadt wurde bereits 920 n. Chr. gegründet. Noch heute sind Teile des starken Befestigungswalls mit wuchtigen Türmen zu sehen. Hauptsehenswürdigkeit des älteren Teils von Mézières ist die Kirche Notre Dame d'Espérance im spätgotischen Flamboyant-Stil. Hier wurden 1570 Karl IX. von Frankreich und Elisabeth von Österreich getraut. Das breite, fünfschiffige Innere beeindruckt ebenso wie die farbenprächtigen Fenster.

In Mézières befand sich von 1914 bis 1918 das deutsche Hauptquartier.

Ausflugstipp

Französische Ardennen und Maastal

Die Ardennen stehen vor allem für dichte, unwegsame Waldgegenden. Häufig über 500 m hoch, rau im Klima, düster, verregnet, grau, aber mit einzigartiger Farbpalette im Sommer und Herbst, wenn das Licht die Baumwipfel und Wiesenhänge streichelt und stimmungsvolle Bilder entwirft.

Die französischen Ardennen werden durch zwei Flusstäler geprägt, das der Maas und das der Semoy, die beide auch durch Belgien fließen. Es gibt nur zwei Städte mit fünfstelliger Einwohnerzahl – Charleville-Mézières und Sedan. Ortschaften wie Monthermé und Revin sind die Schmuckstücke der pittoresken Maaslandschaft. Sie wirken verschlafen, in der Saison ein wenig lebhafter, nie überlaufen, weder laut noch hektisch. Spaziergänge an den Ufern der Maas locken, abgeschieden vom Straßenverkehr, oft unberührt, in wohltuender Nähe zum sanft dahinfließenden Fluss.

Eine Landschaft der Dichter und Legenden, wo sich die vier Haimon-Brüder (Les Quatre Fils Aymon) ihrem Schicksal stellten, in der die unsterblichen Verse Rimbauds und Verlaines entstanden: Es wundert nicht, dass in dieser Landschaft zwei der wortgewaltigsten französischen Dichter ihre Wurzeln hatten und Inspiration fanden. An zahlreichen magischen Orten mit Burgen, Schlössern und Kirchen erzählen steinerne Zeugen von der aufregenden Geschichte.

Diese Region besitzt die meisten befestigten Höfe, Kirchen und Häuser in ganz Frankreich, Zeugnis einer ereignisreichen, kämpferischen Vergangenheit. Die arme Landbevölkerung musste tage- und wochenlang in befestigten Wehrkirchen Zuflucht suchen und sich verteidigen, da ihre meist erbarmungswürdigen Höfe und Unterkünfte keinen Schutz boten. Einige große Kriege hinterließen hier ihre Spuren bis in unsere Zeit. Dazu zählen vor allem der deutsch-französische Krieg 1871 sowie die beiden Weltkriege. Der Route Nationale N 51 folgend erreichen wir den ersten der reizvollen Orte auf der französischen Maasseite.

Givet

Wie auf einem Kap, das nach Belgien hineinragt, liegt an der Maas Givet. Der Ort ist ein wichtiger Flusshafen und Umladeplatz für den Schiffsverkehr zwischen Belgien und Frankreich. Dominant überragt das Fort Charlemont die Stadt. Klein-Givet oder Givet Notre-Dame wird der Teil am rechten Maasufer genannt, wo sich auch die Kirche Notre-Dame befindet. Gegenüber, in Groß-Givet oder Givet St. Hilaire gelangt man zu einer besonderen Attraktion, der Kirche St. Hilaire, deren eigentümlicher Glockenturm Victor Hugo so faszinierte, dass er ihn wie folgt beschrieb: „... der Glockenturm von Groß-Givet dagegen wartet mit einer diffizileren und kunstvolleren Architektur auf. [...]

Der gute Architekt hat die viereckige Mütze eines Priesters oder Advokaten hergenomme und darauf eine umgedrehte Salatschüssel getürmt; auf den Boden der Salatschüssel, der so zum Sockel wurde, hat er eine Zuckerdose und auf die Zuckerdose eine Flasche gestellt und über der Flasche kommt eine Sonne, die mit ihrem unteren vertikalen Strahl im Flaschenhals steckt, und auf dem oberen vertikalen Strahl ist ein Hahn aufgespießt."

In den Steinbrüchen zwischen Foisches und Givet wurde der Blaustein (pierre bleue) von Givet

Mystisches Licht an der Maas, im Tal der Legenden, zwischen Givet und Dinant

geschlagen. Im Mittelalter war er die Grundlage für die famosen romanischen Taufbecken in der Ardennenregion. Er diente aber ebenso zum Bau von Häusern und Bauwerken wie auch einiger Quais und Brücken in Paris.

Sehenswerte Baudenkmäler sind die Kirchen St. Hilaire und Notre-Dame sowie der Tour Victoire aus dem 14. und 15. Jahrhundert direkt an der Maas. Von Givet aus fahren die sogenannten „Bateaux Mouches", die Ausflugsboote, bis nach Dinant, ebenso wie die Dampflokomotive, die oberhalb des Maastales an Schloss Freyr und seinen zauberhaften Gärten vorbei über die Talbrücke von Anseremme bis nach Dinant verkehrt.

Vireux

Es gibt zwei Vireux: Molhain am linken Ufer und gegenüber Wallerand. Bereits im ersten Jahrhundert vor Christus wurde hier Eisen geschmolzen.

Die über zweitausenjährige Geschichte der Eisenindustrie in dieser Region erlebt seit 1980 einen dramatischen Niedergang. Aus der ehemaligen Stiftskirche von Molhain entstand im 18. Jahrhundert um das einzig erhaltene Bauelement herum, die Krypta unter dem Chor, die Kirche St. Martin. Wahrscheinlich geht ihre Entstehungsgeschichte bis in das Jahr 752, während der Regierungszeit Pippin des Kleinen, zurück.

DIE DÖRFER AN DER MAAS

Auf der N 51 Richtung Vireux/Molhain geht etwa 3 km vor Vireux die Straße nach Hierges ab. Hierges, der einstige Feudalsitz der Fürstbischöfe von Lüttich wurde erst 1774 französisch. Die Komposition aus den Schieferdächern der Häuser und den Elementen der Burgruine auf ihrem Felsvorsprung ergibt ein einmaliges Szenario. Hier vereinen sich in Bruchsteinwerk und Ziegelsteinverzierungen Mittelalter und Renaissance.

Das Innere der Kirche ist mit Statuen (14. bis 16. Jahrhundert), einer Grablegung (15. Jahrhundert) und Grabplatten reich dekoriert. Seit hier 1977 ein Friedhof aus galloromischer Zeit (4. bis 5. Jahrhundert n. Chr.) entdeckt wurde, ist Molhain zugleich eine bedeutende archäologische Ausgrabungsstätte.

HAYBES

Der Ort wurde nach dem Ersten Weltkrieg komplett wiederaufgebaut. Heute zählt Haybes zu den markanten Dörfern entlang der Maas, eingebettet in einen weiteren Maasbogen, umgeben von einem grünen Waldgürtel. Dieses kokette, liebliche Fleckchen lebte lange Zeit von den Schieferbrüchen.

Sein Panorama lädt zu Spaziergänge und Wanderungen ein, z.B. zum Aussichtspunkt „La Platale“ mit Picknickplätzen (2 km in Richtung Morhon). In Richtung Hargnies über die D 7 erreicht man den Parkplatz der „Auberge du Cousin“. Von hier verläuft ein geschützter Wanderpfad zu den geologisch bemerkenswerten Felsen von Fépin (Roches-à-Fépin), wo zur Belohnung ein enormer Ausblick über die Maas aus über 200 Metern Höhe wartet.

FUMAY

Fumay gehört zu den Städtchen, die der Maaslandschaft ihren unvergänglichen Charme verleihen. 1769 zu Frankreich gekommen, war der Ort Jahrhunderte durch den Schiefer geprägt. Die letzten beiden Schieferbrüche wurden 1971 stillgelegt. Heute erinnert das Schiefermuseum (Musée de l' Ardoise, Rue des Fusillés) an achthundert Jahre Mühen und Schweiß der Menschen. Es befindet sich in den Gebäuden des ehemaligen Karmeliterklosters von 1630. In der Avenue Jean Jaurés würdigt ein Flachrelief von Georges-Armand Favaudon die Schieferarbeiter. Bezaubernde

Quais, von Häuserzeilen aus dem 17. Jahrhundert gesäumt, laden uns zu einem Spaziergang am Fluss ein.

Dem Alltag entschwinden, vergessen, mit einer Leichtigkeit, die allzu schnell wieder vergehen kann. Wir sind fast allein an diesem frühen Septembernachmittag und erkunden Gassen und Gässchen rund um die neugotische Kirche St. Georges (19. Jahrhundert), die den Ortskern der Altstadt bestimmen, auf einem Hügel, der von der Maas umflossen wird. Immer wieder blinken Schieferdächer im Sonnenlicht, schimmern in ihren zeitlosen Farbtönen von rot-violett bis blauviolett und sogar grün. Hier lässt es sich beschaulich spazieren, zur Kirche hinauf steigen, zu den Kapellen Sainte-Barbe und Divers-Monts (mit schöner Aussicht), einen Blick zurück zum romantischen Maasufer werfen, stille Winkel suchen, sich überraschen lassen von den Impressionen dieses malerischen Städtchens.

Revin

Bei Revin beginnt die Maas in häufigen Windungen ihren Weg fortzusetzen. Sie taucht ein in eine tiefe Waldlandschaft mit reizvollen Aussichtspunkten, sagenumwoben, geprägt von Legenden einer bewegten Vergangenheit. Der Berg Malgré

Spektakuläre Aussichten bietet das Maastal zwischen Revin und Monthermé, eine Naturidylle in unberührter Landschaft.

Tout auf über 400 m Höhe gibt an zwei unterschiedlich hohen Punkten den Blick über die Schleifen der Maas frei. Vis-à-vis liegen der Felsen Dames de Meuse und das Misère-Tal. Verlässt man Revin auf der Route des Hauts-Buttés, dann gelangt man zum Partisanendenkmal Les Maquis de Manise mit Blick auf Revin und zum Aussichtspunkt La Faligeotte. Unwegsam erscheinen uns die Straßen zum Malgré Tout, wir verlassen uns ganz auf unseren ortskundigen Begleiter aus Charleville-Mézières. Es dämmert bereits.

Um uns herum liegen die riesigen Wälder, dicht und düster wirkend, kaum ein weiteres Auto begegnet uns hier oben. Man stellt sich in Gedanken die Partisanen vor, die sich in nebelverhangenen Waldstücken unter Lebensgefahr ihre Schleichwege suchten. Wir fahren über die D1 Richtung Anchamps, Laifour, Monthermé, dem Flussverlauf folgend.

Die Felsen der „Dames de Meuse" und des Laifour

Die vier legendären Felsen, bedrohlich und düster, zeigen sich dem Blick am besten von der Brücke aus. Das Spiel zwischen den Schatten des Tales und dem Sonnenlicht charakterisiert diesen schon fast mystischen Abschnitt des Maastals. 393 Meter insgesamt sind die Dame de Meuse hoch und sie fallen 250 Meter steil zur Maas ab. Der Sage nach wurden hier um 1080 drei untreue Frauen, Hodierne, Berthe und Ige, deren Männer unter Gottfried von Bouillon auf Kreuzzug waren, von Gott zur Strafe in Stein verwandelt. Die kahle Steilwand des Laifour-Felsens fällt 270 Meter in die Tiefe des Tales herab. Auf Wanderpfaden zwischen Laifour und Anchamps lässt sich das Terrain um diesen felsigen Teil der Maas erkunden.

Monthermé

Liebevoll umfließt die sanfte Maas einen ihrer Lieblingsorte unterhalb des Zusammenflusses mit der Semoy. Auf beiden Seiten des Flusses erstreckt sich Monthermé, die Perle des französischen Maastals. Über eine Brücke gelangt man vom neuen Stadtteil in den alten Ortskern an der Flussbiegung. Von diesem Anblick müssen hoch oben die vier Haimonsbrüder auf ihrem Zauberpferd Bayard beflügelt worden sein. Bei Château Regnault erweckt noch heute ein vierzackiger Felskamm den Eindruck des Bildes von vier hintereinander auf einem Pferd sitzenden Reitern (Hinweisschilder Rocher Les Quatre Fils Aymon, Aussichtspunkte u.a. auf der Straße von Charleville-Mézières nach Monthermé).

Auf der D 31 Richtung Bouillon machen wir Halt bei der Abtei von Laval Dieu, deren Kirche während der Saison im Juli/August samstags zu besichtigen ist (Auskunft in der Pfarrei). Einige Meter weiter auf der Hauptstraße D 31 biegt links die Straße zum Roc de La Tour ab, einer der Maaslegenden. Durch den Wald geht es bergauf bis zum Plateau hoch über dem Tal.

Vom Parkplatz aus führt uns ein Pfad zu den riesigen zerklüfteten Felsbrocken, die lawinenartig, bizarr übereinander getürmt den Hang bedecken. Es ist der Sage nach des Teufels Werk gewesen, der wütend über eine verlorene Wette um eine Seele, ein bereits begonnenes Bauwerk zertrümmerte und es den Hang hinab in die Tiefe des Tales stürzte. Über die steil anstegende Straße Richtung Hargnies erreichen wir den Sieben-Uhr-Felsen (Roche à Sept Heures) und den Langen Felsen (Longue Roche). Oben kann man den Wagen auf einem Parkplatz stehen lassen und den Wegen zu den beiden hintereinander liegenden Felsen folgen. Die Aussicht aus 375 m Höhe über die Mäander der Maas ist überwältigend.

Der Sieben-Dörfer-Felsen (Roche aux Sept Villages)

Dieser Aussichtspunkt über sieben Dörfer an den Maasschleifen zwischen Braux und Deville liegt an der D 989 nach Charleville-Mézières. Auch von hier sieht man den allgegenwärtigen gezackten Haimonsfelsen (Rocher Les Quatre Fils Aymon).

Sedan

Unterkunfts-Tipps:

i Sedan
Château Fort de Sedan
Cour du Château
F-08200 Sedan
Tel : +33 (0)3 24 29 98 80
www.chateau-fort-sedan.fr
Ein sehr originelles 3-Sterne-Hotel in einer außergewöhnlichen Location, mitten in die Festung integriert. Mittelalterliches Burg- und Schlossambiente.

Fagnon
Abbaye des Sept Fontaines
F-08090 Fagnon
Tel.:+33 (0)3 24 37 38 24
www.abbayeseptfontaines.fr
Fürstlich logieren in einem Ardennenschloss mit Riesenpark und Golfplatz direkt am Haus.

5. Die schönsten Märkte und Plätze im angrenzenden Großherzogtum Luxemburg

5. Grossherzogtum Luxemburg

Grossherzogtum Luxemburg

Unweit des belgischen St. Vith, im luxemburgischen Teil des Ourtals, die durch Belgien, Deutschland und Luxemburg fließt, liegt Vianden.

Besuch auf dem Nussmarkt in Vianden: Der Viandener Nussmarkt findet alljährlich am zweiten Sonntag im Oktober statt. Alle sechs Jahre, wenn Kommunalwahlen sind, wird er eine Woche vorverlegt. Trotz einer Unterbrechung während des Krieges und in den sechziger Jahren ist er zu einem festen Bestandteil des Viandener Brauchtums geworden. Beim Nussmarkt („Nessmoort") verkaufen die Viandener die Ernte der zahlreichen Walnussbäume der Umgebung. Eine Woche im Voraus wird mit der Ernte begonnen, im Jahre 2005 hat das Viandener Fremdenverkehrsamt eine neue Rüttelmaschine erworben, um die Ernte zu erleichtern. Jedoch greifen noch

Im urigen Vianden ist der Nussmarkt ein traditionelles Brauchtum.

immer einige Vereine auf die alt bewährte Methode zurück und ernten die Nüsse auf traditionelle Art mit langen Holzstangen. Auf das Schütteln folgt das Waschen und Trocknen der Nüsse. Werden die Arbeitsschritte ohne Handschuhe erledigt, sind die von den Schalen gefärbten schwarzen Hände während einiger Zeit Zeichen dieser Tätigkeit. Alles steht in dem Burgweiler an diesem Tag im Zeichen des Nussmarkts. Parken muss man außerhalb. Laut einer amtlichen Statistik aus dem Jahre 1902 gab es damals in Vianden rund 2500 Nussbäume, was fast ein Fünftel des gesamten Landesbestandes ausmachte. 1901 betrug der Ertrag im Kanton Vianden 465 Zentner Nüsse. Es gab einige Nussgrosshändler, die die Ernte an den Mann brachten, es gab aber auch zahlreiche kleinere Händler und Handwerker, die ihre Nüsse auf den Märkten der Region Ösling oder auf dem Wochenmarkt in Luxemburg verkauften. Am 6. Oktober 1935 fand der erste offizielle Nussmarkt statt. Die Nüsse wurden in Säckchen zu 100 Stück, in Papiertaschen, pfund-, kilo, sester- und zentnerweise verkauft. Der Erfolg ermunterte die Organisatoren, den Nussmarkt auch in den folgenden Jahren abzuhalten. Nach dem Krieg fand am 6. Oktober 1946 wieder ein Nussmarkt statt. Der Nussbranntwein „Nëssdröpp" wird aus den jungen Nüssen zubereitet, die mit grüner Schale gepflückt werden, wenn sie erst so dick sind wie die Spitze des kleinen Fingers. Ein kleiner Spaziergang durch die Gassen von Vianden lässt uns einmal mehr den Charme des Ardennen-Städtchens spüren, auch wenn beim Nussfest die Besuchermenge wesentlich größer ist als sonst. Wir betrachten die Auslagen der kleinen Geschäfte in alten, etwas wacklig wirkenden Fachwerkhäusern. Die Häuschen von Vianden ducken sich an den felsigen Abhang des Burgmassivs oberhalb. In den engen Sträßchen sind Buden aufgestellt, Musik umrahmt die Szenerie, alles dreht sich um die Nuss, es duftet verführerisch, die Luxemburger verstehen etwas vom schlemmerhaften Leben. Die lukullische Vielfalt ist enorm: Man findet knuspriges Nussbrot, süßen Nusskuchen, leckere Nussecken, mit Nusslikör flambierte Pfannkuchen, frisch gebackene Waffeln mit Nusssplittern, Nusspastete, Nusswurst, Nussraclette, Nussbranntwein, Nusslikör, Nusscrème oder Nussporto. Aber auch Geschenkartikel und viel Rahmenprogramm gehören zum Angebot.

Burgflecken

In der unendlich grünen Waldregion der Ardennen zaubert der Burgflecken Vianden an der Our einen Hauch von Märchenpanorama in die Landschaft. Die Vollkommenheit der erhabenen Lage dieser stolzen Prachtburg auf ihrem dichtgrünen Bergrücken hoch über dem Ort

Vianden ist eine der imponierendsten Kulissen der Ardennen. Sie wurde bereits 1871 aus berufenem Munde, von keinem Geringeren als Victor Hugo gepriesen. Er lebte wieder einmal im Exil und wählte zwischen Juni und August 1871 Vianden als Domizil. Das Haus, in dem er Logis nahm, wurde zum Museum. Zu sehen sind Zeichnungen und Briefe des großen Schriftstellers sowie gegenüber dem Haus an der Brücke eine Büste des Schriftstellers, ein Werk des berühmten Bildhauers Auguste Rodin. Zeitlos scheint die feudale Residenz allen Wirrungen zum Trotz ihre Größe und Würde über das Tal erstrahlen zu lassen. Es verwundert kaum, dass die Luxemburger dieses angemessene historische Ambiente für Staatsbesuche zu nutzen wissen. Auf dem Weg hinab in den Ort erkennen wir deutlich die Umrisse der größtenteils zerstörten Reste der Stadtbefestigung mit einst vierundzwanzig Türmen und fünf Stadttoren.

Die mittelalterliche Burg Vianden: ein bemerkenswert erhaltener feudaler, Komplex in exponierter Lage über dem Tal der Our.

Immer wieder zieht es unseren Blick nach oben, hin zu dem mächtigen Wahrzeichen der Burganlage von Vianden. Von der Ourbrücke im Zentrum bekommt man einen tollen Eindruck von der steinernen Silhouette des Burgfelsens, der steil nach oben ragt und spielend die Last des monumentalen Burgschlosses zu tragen scheint. Es ist in exzellentem Zustand und ein Besuch ist nicht nur ein optisches Erlebnis.

Die Burg wurde von den Grafen von Vianden errichtet, im 12. und 13. Jahrhundert ein mächtiges Adelsgeschlecht. 1264 ging Vianden an die Luxemburger und von 1417 bis 1977 war sie im Besitz der berühmten Adelsfamilie von Oranien-Nassau, über deren Geschichte man sich in den Räumen der Burg informieren kann. Seit 1977 ist sie im Besitz des Luxemburgischen Staates. Außergewöhnlich prächtig restaurierte

Säle zieren das Burginnere. Vor allem der byzantinische Saal (mit schönen Kleeblattfenstern), der Waffensaal sowie die Säle der Grafen und der Reitersaal imponieren mir ihrer klaren Schönheit und reichem Interieur (u.a. Gobelins, Möbel). Eine archäologische Ausstellung verdeutlicht die verschiedenen Bauetappen des Burgkomplexes und seiner Geschichte. Sehenswert ist ebenfalls die romanische Schlosskapelle. Mit der Trinitarierkirche besitzt (1248 errichtet) Vianden eines der schönsten gotischen Bauwerke in Luxemburg. Der Hauptaltar der zweischiffigen Kirche befindet sich im 1644 angebauten Chorraum. Es ist ein Rokokoaltar von Michel Weiler aus dem Jahre 1758. Das ehemalige Trinitarierkloster mit Kreuzgang liegt nebenan. Die Grabfigur von Marie de Sponheim (gest. 1417) erinnert an den letzten Nachkommen des Grafen von Vianden. Von den Hügeln im Westen des Ortes hat man einen grandiosen Ausblick auf Vianden. Das gilt auch für eine Fahrt mit Luxemburgs einzigem Sessellift hinauf zu einem Belvedere auf 440 m Höhe. Hier gibt es zudem einen Spazierweg zum Aussichtspunkt über dem Stausee, auf dem man auch durch den Wald wieder hinabsteigen kann. Das elektrische Pumpspeicherwerk von Vianden mit dem künstlichen Stausee ist das größte in Europa. Die unterirdische Maschinenhalle kann besichtigt werden. Hier wird Wasser in Kilowattstunden verwandelt.

i Fremdenverkehrsamt Vianden
1a, rue du Vieux Marché
Tel.: 00352 83 4 257 - 1
www.castle-vianden.lu
www.vianden-info.lu

Fotorechte

Kouprianoff, S. 12
ASBL Brocante de Temploux; S. 32, 34
Office du Tourisme de Spa, S. 43
WBT - J.P. Remy, S. 3, 4, 133, 144, 176
WBT; S. 11, 16, 22, 23 oben, 41, 129, 135
Visit Brussels, E. Danhier, S. 124, 136-137
Rainer Kiedrowski, S. 8; 85
OPT - J.P. Remy, S. 27; 125; 126
Greoa.be, S. 39
Martin's Hotels, S. 96
Arno Colaris, S. 45
David Hagemann, S. 54, 115
Stad Antwerpen, S. 64
Antwerpen-Toerisme & Congres, S. 64
Antwerpen-Toerisme & Congres, Jan Crab, S. 68
Toerisme Lier, S. 97
Toerisme Sint Niklaas, S. 117, 118, 119
Tourismus Flandern-Brüssel; S. 6, 55, 56, 83, 84, 86, 88-90, 103-105
Tourismus Flandern Brüssel, Rufenach, S. 78, 87
Tourismus Flandern Brüssel, Protigny, S. 102
Toerisme Limburg, S. 113
Toerisme Vlaanderen, De Kiewith, S. 82
Toerisme Vlaanderen, Weichselbaum, S. 83
Toerisme Vlaanderen, J. Almblaad, S. 142
Toerisme Tongeren, S. 50, 51, 53
Wikipedia, S. 90
Tourismusagentur Ostbelgien, S. 45
OT Arras/Cituation et Ensemble, S. 146-149
Verkehrsamt Luxemburg/Vianden, S. 171, 173
Rolf Minderjahn S. 13 - 15, 17, 18, 20, 21, 23- 26, 28, 30, 35, 37, 44, 49, 50 oben, 57-63, 66, 70-77, 79-81, 91- 95, 99,100, 109, 114, 126 oben, 127-132, 134, 138-140, 151-153, 155-161, 165, 167, 169